BRIGITTE WILMES-MIELENHAUSEN

Resilienz erleben in der Kita

HERDER

FREIBURG · BASEL · WIEN

MIX
Papier | Fördert gute Waldnutzung
FSC® C010798

www.herder.de

Umschlaggestaltung: Stefan Weigand
Illustrationen auf dem Cover: © KanKhem – Getty Images; © Anastasia Bikkulova – Getty Images; © Top Vectors – Getty Images
Illustrationen im Innenteil: © Bubert – iStock – GettyImages
Fotos im Innenteil: S. 6: © zeljkosantrac – Getty Images, S. 14: © skynesher – Getty Images, S. 28: © Maryna Auramchuk – Getty Images, S. 52: © Antonio_Diaz – Getty Images, S. 61: © dmphoto – Getty Images, S. 71: © zeljkosantrac – Getty Images, S. 85: © boggy22 – Getty Images

Satz und Gestaltung: Sabine Ufer

Herstellung: Graspo CZ, Zlín
Printed in the Czech Republic

ISBN Print 978-3-451-39650-2
ISBN E-Book (PDF) 978-3-451-83199-7
ISBN E-Book (EPUB) 978-3-451-83203-1

Inhalt

„Auch aus den Steinen,
die dir in den Weg gelegt werden,
kannst du etwas Schönes bauen."
Erich Kästner

Zur Einführung

Das Leben ist kein gleichbleibender Fluss. Manchmal verändert sich – oft von einem Tag auf den anderen – der „Lauf der Dinge". Im Äußeren wirken Umwelt (z.B. Klimakrise), besondere Ereignisse (Pandemie, Krieg, Flucht), gesellschaftliche Entwicklungen (Wirtschaftskrise, Digitalisierung, Künstliche Intelligenz u. Ä.) auf Erwachsene und Kinder.

Im privaten Bereich zeigen sich Veränderungen in Beziehungen: Da trennen sich beispielsweise die Eltern, jemand aus der Familie wird krank oder stirbt, ein Umzug steht an. Auch ein traumatisches Erlebnis (z.B. ein Unfall) kann plötzlich das Leben erschüttern.

Manche Erfahrungen belasten dauerhaft die gesamte Entwicklung eines Kindes über viele Jahre (z.B. Armut, Missbrauch, Vernachlässigung etc.). Aber auch normale Entwicklungsschritte und Übergangsphasen (z.B. Eingewöhnung in Kita oder Schule) bringen Veränderungen, die das seelische Gleichgewicht stören können.

Positive Entwicklung trotz Risiken?

Doch was immer wieder verblüfft: Das eine Kind wird von solchen Erlebnissen und Veränderungen stark beeinträchtigt oder sogar aus der Bahn geworfen, das andere gar nicht oder kaum. Es gibt Kinder, die, obwohl sie unter ungünstigen Bedingungen aufwachsen bzw. belastenden Erfahrungen ausgesetzt waren, dennoch eine integrierte Persönlichkeit herausbilden können. Allerdings darf nicht vergessen werden, dass eine solche Entwicklung auch mit Schmerz und Trauer verbunden sein kann und oft viel Anstrengung erfordert.

Aus überwundenen Krisen gehen manche Menschen (auch Kinder) gestärkt hervor, weil sie in herausfordernden Zeiten bestimmte Fähigkeiten entwickeln bzw. bereits vorhandene Kompetenzen nutzen konnten. Was macht einige so überraschend widerstandsfähig, sprich resilient?

Was heißt eigentlich „resilient"?
Als resilient bezeichnet man Menschen, denen es gelingt, nach psychisch belastenden Stressereignissen, nach dem Einwirken „äußerer Kräfte" auf die Seele, wie ein Stehaufmännchen wieder in Balance zu kommen: Resilienz ist die „psychische Widerstandsfähigkeit gegenüber biologischen, psychologischen und psychosozialen Entwicklungsrisiken" (Wustmann 2004, 18).

Wie wir Kinder darin unterstützen können, eine solche psychische Widerstandsfähigkeit zu entwickeln, um den Belastungen des Lebens gestärkt zu begegnen, ist in jüngster Zeit ein wichtiges Thema: „Resilienzförderung" ist an Schulen und Kitas in aller Munde. Mit konkreten Angeboten die Kinder dabei zu unterstützen, dass sie sich zu selbstsicheren, kompetenten und leistungsfähigen Persönlichkeiten entwickeln können, ist eine faszinierende Perspektive für die pädagogische Förderung. Wirksame Angebote finden Sie in diesem Buch.

Wir starten durch: „Super-Tricks" für starke Kids!

Nach Fröhlich-Gildhoff & Rönnau-Böse (2019) sind sechs Kompetenzen besonders wirksam, um herausfordernde Alltagssituationen, Entwicklungsaufgaben, Übergänge und Krisen besser bewältigen zu können und die Wahrscheinlichkeit einer gesunden seelischen Entwicklung zu erhöhen. Diese Kompetenzen bzw. „Schutzfaktoren" hängen eng zusammen, treten meist in Verbindung miteinander auf und verstärken sich gegenseitig.

Starke KIDS

Kapitel 1 – Selbst- & Fremdwahnehmung
Kapitel 2 – Selbstregulation
Kapitel 3 – Selbstwirksamkeit
Kapitel 4 – Fähigkeit zur Problemlösung
Kapitel 5 – Soziale Kompetenz
Kapitel 6 – Stressverarbeitung

Die folgenden Kapitel orientieren sich an den o.g. Kompetenzen. Pädagogische Fachkräfte in der Kita (bzw. Eingangsstufe der Grundschule) und Eltern finden ausgewählte Angebote für Kinder im Alter von 4 bis 7 Jahren, die die Entwicklung von Resilienz in Spiel- und in Alltagssituationen unterstützen.

- Die Spiele sollen vor allem Spaß machen und gleichzeitig Erfahrungen und Fähigkeiten vermitteln, die für die Entwicklung von Resilienz bedeutsam sind.
- Die Geschichten eignen sich dazu, Kindern ein Modell zu geben, auf welche Weise (Haupt-)Figuren in bestimmten Lebenssituationen selbstbestimmt handeln und zu mehr Autonomie finden.

Es darf allerdings nicht der Eindruck entstehen, es seien nur die richtigen Angebote auszuwählen, eine Art Trainingsprogramm, um Kinder resilient zu „machen". Auf ein solch einfaches Schema lässt sich „Resilienzförderung" nicht reduzieren. Ein kurzer Blick in die Anfänge der Resilienzforschung ist hilfreich, um den komplexen Prozess zu verstehen, aus dem „resiliente Kinder" hervorgehen.

Was sind „resiliente Kinder"? – Die Kauai-Studie

In den 1950er-Jahren startete die amerikanischen Entwicklungspsychologin Emmy Werner auf der hawaiianischen Insel Kauai eine Langzeitstudie. Über 40 Jahre lang begleitete sie 686 Kinder auf ihrem Weg ins Erwachsenenalter. Viele von ihnen kamen aus zerrütteten Familien, waren mit Alkohol und Drogen, schlechten Wohnverhältnissen, Gewalt und Armut konfrontiert. Trotz schwieriger Startbedingungen entwickelte sich ein Drittel der Kinder positiv. Sie fanden Bestätigung in Schule/Beruf, führten stabile Beziehungen, zeigten keine Verhaltensauffälligkeiten. Wie Emmy Werner feststellte, verfügten diese „resilienten" Kinder über Schutzfaktoren, die die negativen Auswirkungen ungünstiger Lebensumstände auffangen konnten: neben einem positiv wirkenden Temperament (Robustheit, aktives, sozial verbindliches Wesen) verfügten die resilienten Kinder u. a. über eine positive Selbstwahrnehmung und Selbstwirksamkeitsüberzeugungen, eine optimistische Lebenseinstellung und sie hatten eine hohe Sozialkompetenz. Wichtig waren darüber hinaus stabile, wertschätzende, emotional verlässliche Bindungen an Eltern und andere Bezugspersonen aus dem Umfeld.

Jüngere Studien haben die Befunde bestätigt und vor allem die Schutzfaktoren genauer ausdifferenziert, die sich stabilisierend und stärkend auf die Entwicklung von Kindern auswirken. Diese Schutzfaktoren lassen sich nicht auf ein angeborenes Persönlichkeitsmerkmal reduzieren, sondern sie entwickeln sich immer neu durch Lernerfahrungen in Interaktion mit dem (sozialen) Umfeld.

Schutzfaktoren

- Individuelle Ressourcen (positive Selbstwahrnehmung, Selbstwirksamkeit etc.)
- Soziale Ressourcen in der Familie (z. B. sichere Eltern-Kind-Beziehung) und im sozialen Umfeld (in guten Bildungsinstitutionen: u. a. wertschätzendes Klima, Förderung von Basiskompetenzen, positive Beziehungen zu anderen Kindern, kompetente, fürsorgliche und zugewandte Beziehungen etc.)

Auf die Beziehungen kommt es an!

Pädagogische Fachkräfte und Eltern sollten die individuellen Ressourcen bevorzugt in den Blick nehmen und fördern. Aber selbstverständlich wird ein Kind nicht allein durch Spiele und Geschichten widerstandsfähig. Die Resilienzforschung hat auf die positive Wirkung stabiler Beziehungen hingewiesen: Eine emotional positive, zugewandte, wertschätzende, strukturierte, angemessen fordernde Bezugsperson, die die Signale des einzelnen Kindes feinfühlig bemerkt und beantwortet (Responsivität), unterstützt die sozial-emotionale Entwicklung und stärkt die Resilienz.

Psychische Stärkung erleben die Kinder also nicht nur in und durch die einzelnen Angebote, sondern – mit Blick auf die sozialen Ressourcen – vor allem im „Rahmen" einer wertschätzenden, zugewandten, beziehungsorientierten pädagogischen Haltung, die das Handeln der pädagogischen Fachkräfte prägt. Deshalb ist den Spielangeboten und Geschichten in jedem Kapitel informatives Hintergrundwissen zugeordnet, das bei der Umsetzung in Ihren pädagogischen Alltag hilfreich ist.

Ein „Resilienz-Koffer" für pädagogische Fachkräfte und Eltern am Ende des Buches gibt wichtige Impulse zur (biografischen) Selbstreflexion, denn Resilienz entwickelt und verändert sich durch Erfahrungen, ist variabel, situations- und kontextabhängig und somit ein lebenslanger Lern-Prozess.

Resilienz lässt sich vergleichen mit einem Bambus im Wind: elastisch, flexibel und doch belastbar und widerstandsfähig.

Ich wünsche allen Kindern, pädagogischen Fachkräften und Eltern, dass sie diese Fähigkeiten mit Freude immer wieder neu für sich entwickeln.

Brigitte Wilmes-Mielenhausen

Kapitel 1

Das bin ich: Selbstwahrnehmung

Zur Selbstwahrnehmung gehören die Wahrnehmung des eigenen Körpers bzw. eigener Gefühle und Bedürfnisse und eine angemessene Reaktion darauf. Die Wahrnehmung und Wertschätzung der eigenen Person ist bei resilienten Menschen meist ausgeprägter als bei weniger resilienten.

Kurz & knapp

Für eine achtsame Sprache im Kita-Alltag

Viele Worte/Sätze, die von der Fachkraft geäußert werden, prägen sich bei den Kindern ein, werden zu inneren „Glaubenssätzen". Gerade in stressigen Situationen oder bei Konflikten werden positive, aber oft leider auch negative Glaubenssätze in Form einer „inneren Stimme" aktiviert: So denkt das Kind z. B. „Ich muss stark sein", „Gefühle sind nicht o.k." usw. Deshalb sollte die Fachkraft über ihre eigenen Glaubenssätze reflektieren, die eigene Sprache beobachten, ggf. verändern und einfühlsame, ermutigende Worte und Affirmationen gebrauchen („Du bist wertvoll, so wie du bist ...", „Du schaffst das ..."). Durch die Wahl der passenden Worte kann die Fachkraft zu einem positiven Selbstbild der Kinder beitragen (vgl. Wedewardt 2022).

Spieglein, Spieglein in der Hand

Material:
Handspiegel

Die Idee: Ein kleines Spiel, das zur Selbstwahrnehmung und zum Gespräch über das Wahrgenommene einlädt.

Spielimpulse:

- Im Sitzkreis: Der Spiegel wird im Kreis von Kind zu Kind weitergegeben.
- Jedes Kind, das dies möchte, schaut hinein, betrachtet sich, nennt seinen Namen und beschreibt sich selbst.
  Zum Beispiel: „Ich bin Ole, habe dunkle, lange Haare und braune Augen. Ich bin sehr groß und dünn.“ Oder: „Ich bin Nesrin, habe blonde Haare und trage eine Brille“ usw.

Tipp:

Es kann auch auf Befindlichkeiten oder Stimmungen hingewiesen werden („Heute sehe ich müde aus“).

WISSEN KOMPAKT

Selbstbild, Körperbild entwickeln

Wie sehen und erleben sich Kinder eigentlich selbst? Nach dem Psychoanalytiker Jacques Lacan erkennen sich Kinder zwischen 6 und 18 Monaten im Spiegel („Das bin ich"). Bei der Selbstwahrnehmung handelt es sich um das augenblickliche Bild von sich selbst, wobei mit zunehmendem Alter auch eine Selbst-Einschätzung bzw. Selbst-Bewertung vorgenommen wird, die sich an einer Bezugsnorm orientiert („Ich bin kleiner/größer, besser/schlechter als andere etc.").

Neben dem Selbstbild (Wissen über sich selbst wie Aussehen, Fähigkeiten etc.) entwickelt sich auch ein Selbstwertgefühl (Bewertung, Zufriedenheit mit sich). Beides zusammen bildet ein Selbstkonzept (generalisierte Selbstwahrnehmung).

Ein positives Selbstkonzept äußert sich z. B. in der Überzeugung, Herausforderungen und Probleme meistern zu können. Ein negatives bewirkt das Gegenteil. So erleben Kinder mit einem negativen Selbstkonzept Situationen schneller als bedrohlich bzw. sie geben eher auf. („Ich habe den Balancierweg schon wieder nicht geschafft, also bin ich ein Sportmuffel und versuche es nicht weiter ...").

Entscheidend ist auch das Bild, das sich andere von einem machen. Fremde Wertmaßstäbe und Bewertungen (Fremdwahrnehmung) – die nicht unbedingt der Realität entsprechen müssen – werden von Kindern mit der Zeit übernommen.

Häufige Kritik und Abwertung birgt das Risiko, dass Kinder ein schwaches bzw. labiles Selbstwertgefühl entwickeln. Botschaften wie: „Du bist wichtig und liebenswert, so wie du bist" können motivieren, stärken und ein positives Selbstkonzept fördern. Ein positives Selbstkonzept kann dabei helfen, Krisensituationen, aber auch normale Anforderungen, Entwicklungsschritte und Übergänge konstruktiv zu bewältigen.

Ich-Poster

Material:
Tapete o.a. Papier, Wachsmalstifte, Zeitschriften, Schere, Klebstoff. Alternativ: Digitalkamera, Drucker, Fotopapier

Die Idee: Mal-Spiel zur Körperwahrnehmung (Körperbild). Wie sehe ich aus?

Spielimpulse:

- Tapetenbahn ausbreiten und auf die Unterseite drehen. Ein Kind legt sich darauf. Die Spielleitung oder ein anderes Kind zeichnet mit einem Stift um das liegende Kind herum eine Linie (Kontur), dicht am Körper entlang. Steht das Kind nun auf, bleibt seine Silhouette auf dem Papier zurück.
- Damit man erkennt, um welches Kind es sich handelt, sollen im Folgenden äußere Merkmale eingezeichnet werden, z.B. Gesichtsform, Haare usw.
- Nun geht es an die Besonderheiten: Welche Neigungen und Talente hat das Kind (z.B. schwimmen, auf Bäume klettern, kochen etc.). Die Kinder schneiden passende Fotos aus Zeitschriften aus und kleben sie ringsum auf.
- **Variante:** Die Bilder werden fotografiert, ausgedruckt, aufgeklebt.

„Ich fühl mich gut, weil ich mich mag"

Material: –

Die Idee: Ein bewegtes Spiel zur Selbstwahrnehmung

Spielimpuls: Die Kinder stellen sich im Kreis auf, sprechen die Verse und stellen sie mit Bewegungen dar:

Ich find mich stark und meistens gut, mich gibt's nur einmal, ich hab Mut!	Auf Brust klopfen
Sieh meine Haare, Augen, Mund, sieh mein Gesicht, ganz kugelrund.	Haare und Gesicht tasten
Hör meine Stimme und mein Lachen, schau, was ich kann, so viele Sachen:	Laut lachen („ha-ha-ha")
Ich kann mich schnell im Kreise drehn und kann auf einem Bein schon stehn.	Drehen Auf einem Bein stehen
Ich lieb das Buddeln tief im Sand und Malen, Kneten mit der Hand.	Buddeln andeuten Handbewegung machen
Kann bunte Seifenblasen pusten, kann wild tanzen und auch husten.	Pusten, tanzen, husten
Mag auf Schaukelpferden reiten. Kann wütend über Sachen streiten.	Reiten andeuten Boxen, stampfen
Mag in Regenpfützen springen und dazu laut Lieder singen.	Springen „La-la-la" singen
Ich find mich stark und meistens gut, mich gibt's nur einmal, ich hab Mut.	Auf Brust klopfen Arme ausbreiten u.Ä.

Text & Idee: Brigitte Wilmes-Mielenhausen

Gesprächsimpulse: Nicht jeder findet sich „gut" und „stark". Wann geht es dir nicht so gut? Wie fühlt sich das an?

Ich bin gewachsen

Material:
Fotos aus der Baby- und Kleinkindzeit, aktuelle Fotos (evtl. Papierbahn und Klebstoff)

Die Idee: Aussehen und Selbstwahrnehmung verändern sich. Wie sah ich früher aus? Wie heute? Dazu bringen die Kinder eigene Babyfotos von zu Hause mit.

Spielimpulse:

- Im Kreis: Die Kinder legen die Fotos in die Kreismitte.
- Ein Foto nach dem anderen wird betrachtet. „Wer aus dieser Runde sah wohl so aus, als sie/er ein Baby war?“
- Nacheinander können alle erzählen, was sie seit ihrer Baby-Zeit gelernt haben und wie sie sich heute wahrnehmen und fühlen.
- **Variante 1:** Babyfotos und aktuelle Fotos („früher-heute“) nebeneinander auf eine Papierbahn kleben und im Raum aufhängen.
- **Variante 2 – Rückblick:** Die Kinder bewegen bzw. verhalten sich wie Babys (schreien, brabbeln, krabbeln durch den Raum usw.). Dann kommt der Schnitt: Welche Fähigkeiten haben sie gelernt? Wie bewegen sie sich heute? Die Kinder können selber Vorschläge machen und die neuen Kompetenzen einzeln oder als Gruppe darstellen.

„Guten Morgen, mein Körper"

Material: –

Die Idee: Selbstwahrnehmung geht über den Körper. Die Kinder nehmen die einzelnen Körperteile wahr und benennen sie.

Spielimpulse:

- Im Kreis: Die Gruppe stellt die alltägliche Morgenroutine pantomimisch dar und alle nehmen dabei verschiedene Körperteile wahr. Die Spielleitung erzählt langsam und mit Pausen:
  - „Der Wecker klingelt (rrrrrrr), wir stehen aus dem Bett auf, recken und strecken uns,
  - stellen die Dusche an, duschen das rechte/linke Bein, den rechten/linken Arm, den Bauch, Po, Rücken, Brust, Schultern, Hals,
  - waschen das Gesicht/die Haare,
  - trocknen uns mit dem Handtuch ab,
  - putzen Zähne,
  - ziehen uns an,
  - trinken/essen etwas
  - und gehen zur Kita."

Tipp:

Bei der täglichen Körperpflege zu Hause oder in der Kita Körperteile benennen. Sich Zeit nehmen zum Wahrnehmen und Spüren.

Eine achtsame Reise

Material:
Decken oder Matten, Stofftiere

Die Idee: Eine „Reise durch den Körper“ trainiert die Sinne, stärkt die Konzentrationsfähigkeit und sensibilisiert die Selbstwahrnehmung.

Spielimpulse:

- Jedes Kind, das dies möchte, sucht sich ein anderes Kind als Partnerin/Partner aus und dazu ein Stofftier. Dann legt es sich in Rückenlage auf eine Matte, während das andere Kind verschiedene Körperteile (des liegenden Kindes) mit dem Stofftier berührt. Die Spielleitung sagt die einzelnen Körperteile an.
  Das Partner-Kind beginnt unten an den Füßen und geht dann mit dem Stofftier weiter nach oben über Waden, Knie, Oberschenkel, Bauch, Schultern, Arme, Hände, Hals, Kopf/Gesicht. In Seiten- oder Bauchlage kann auch der Rücken behandelt werden. Dann: Rollenwechsel!
- **Variante:** Die Spielleitung leitet mit einer kleinen Geschichte eine „Reise durch den Körper“ an. Dabei spüren die Kinder nacheinander in verschiedene Körperteile hinein. Die Spielleitung erzählt, dass ein kleiner, neugieriger Schmetterling auf dem Zeh gelandet ist, der wissen will, wie sich der Zeh anfühlt: warm, trocken, kribbelig? Die Kinder müssen nichts sagen, sondern behalten ihre Empfindungen für sich. Der Schmetterling fliegt weiter, auf Waden, Knie, Oberschenkel, Bauch, Schultern, Kopf usw.

Meine Sinne

Material: Papprröhre, Instrumente (z. B. Glocke), duftende Gegenstände (z. B. Blumen, Gewürze), Schmeck-Proben (z. B. Obst), Tast-Materialien (z. B. Fell)

Die Idee: Ein Wahrnehmungsspiel, das unterschiedliche Sinne anspricht.

Spielimpulse:

- Die Kinder sitzen im Kreis: Ein Kind schaut durch eine Pappröhre und wählt einen Gegenstand aus, den es einen Moment betrachtet. Dann sagt es:
  - „Ich sehe was, was du nicht siehst, und das ist ... (z. B. grün). Die Kinder raten: „Sind es die grünen Bausteine?“
- Dann werden andere Sinne angesprochen:
  - „Ich höre was. Was ist denn das?“ (versteckt ein Instrument spielen und erraten)
  - „Ich rieche was ...“ (mit geschlossenen Augen an einer Blume/einem Gewürz riechen)
  - „Ich schmecke was ...“ (mit geschlossenen Augen Obst kosten und erraten)
  - „Ich fühle was ...“ (mit geschlossenen Augen einen Gegenstand oder ein Material ertasten und benennen)
- „Ich bewege mich ... und spüre mich“ (verschiedene Bewegungen ausprobieren, z. B. hüpfen, rennen, schleichen, drehen etc.)

Mag ich das oder nicht?

Material:
stabile Pappe, Schere, Stifte, Klebstoff

Die Idee: Eigene Vorlieben, aber auch Abneigungen zu kennen ist ein wichtiger Baustein der Selbstwahrnehmung.

Vorbereitung: „Signal-Kelle“ basteln: Aus Pappe einen Kreis ausschneiden. Auf die Vorderseite ein lachendes Gesicht (Smiley), auf die Rückseite ein brummiges Gesicht (Brummi) malen. Alternativ: eine Sonne auf der Vorderseite, eine dunkle Wolke auf der Rückseite aufmalen. Einen stabilen Pappstreifen als Haltegriff unten an den Kreis kleben.

Spielimpuls:

- Im Sitz-Kreis: Reihum wird die „Signal-Kelle“ von Kind zu Kind weitergegeben. Jedes Kind hält zunächst den Smiley hoch (oder die Sonne) und nennt dabei eine oder mehrere Vorlieben („Ich esse gerne Nudeln, Ich mag Tiere, Ich mag schwimmen, basteln, Urlaub etc.“).
  Dann zeigt es den „Brummi“ (oder die dunkle Wolke) und nennt eine Abneigung („Ich mag keinen Fisch essen, mag keine laute Musik etc.“).

Was brauche ich?

Material: dünnes Tuch oder Zauberstab

Die Idee: Jedes Kind darf sich etwas wünschen. Auf diese Weise können Bedürfnisse wahrgenommen und ausgedrückt werden.

Spielimpulse:

- Ein Kind spielt Zauberer oder Zauberin. Er/sie kann jedem Kind einen besonderen Wunsch oder ein Bedürfnis erfüllen, indem er/sie das Kind mit einem Zaubertuch oder -stab berührt und dazu sagt: „Hokuspokus Zauberei, ein Wunsch ist frei!"
  Das berührte Kind kann jetzt einen Wunsch bzw. ein Bedürfnis äußern, z.B. „Ich möchte viele Freunde haben, ... plötzlich groß und stark sein, ... schwimmen können, ... einen Bruder/eine Schwester bekommen, ... ganz schnell Karussell fahren ..."
- **Variante:** Der Wunsch kann auch pantomimisch dargestellt und von den anderen erraten werden.

Tipp:

Das Spiel funktioniert auch als Würfelspiel: Im Kreis reihum würfeln und bei „sechs" oder „rot" einen Wunsch nennen.

Geschichte: Kroko, du bist toll!

Material:
evtl. Papier, Pinsel
und Farben

Die Idee: Wie ist das, wenn man „anders" ist oder sich anders fühlt als andere? Kann man sich dann selbst mögen?

Die Geschichte:

Kroko liegt im warmen Sand am Ufer und sonnt sich. Ihm geht es gar nicht gut. Er ist noch sehr jung, aus ihm kann noch etwas werden, aber andererseits ... Andererseits ist Kroko blau und nicht grün wie all die anderen Krokodile, die am Fluss leben.

Kroko überlegt, ob er mit einem erfrischenden „Platsch" ins Wasser gleiten soll. Lust hätte er ja. Aber andererseits ... Diese schlechte Laune! Wie kann man gute Laune haben, wenn man das einzige blaue Krokodil am ganzen Fluss ist?

„Du bist doch gar nicht blau, sondern eher blau-grün", schnauft Billy, ein befreundetes Krokodil.

„Danke, sehr nett, aber ich habe doch Augen im Kopf. Ich sehe mich doch, wenn ich ins Wasser schaue. Ich bin ein dummes, hässliches blaues Krokodil und könnte mich lila ärgern vor Wut", meint Kroko und schüttelt sich. Bei diesen Worten laufen dicke Krokodilstränen aus seinen großen, weit aufgerissenen Augen.

Billy hat Mitleid mit seinem Freund, aber helfen kann er nicht.

„Vielleicht geschieht ein Wunder, wenn Kroko nur lange genug in der Sonne liegt, vielleicht kriegt er dann einen grünen Sonnenbrand", denkt Billy. Aber nichts dergleichen passiert.

Kurze Zeit später kommt ein großes altes Krokodil angeschwommen.

„Was hängst du hier im Schilf herum? Du bist doch Kroko, das bekannte blaue Krokodil. Ich habe gehört, du kannst so lustige Sachen machen. Lass mal sehen!"

Lustlos dreht sich Kroko um. Doch schließlich macht er einen Kopfstand und wedelt mit seinem schuppigen Krokodilschwanz hin und her.

„Weiter!", feuert ihn Billy an. Kroko macht einen Purzelbaum rückwärts und lässt sich dann ins Wasser gleiten, Bauch nach oben, anschließend nach unten, dann wieder nach oben. Schließlich setzt er zu einem einzigartigen Krokodilsprung an, der mit einem Bauchklatscher im Sand endet.

„Was bist du nur für ein verrückter Kerl. Ich mag dich", schnauft das große alte Krokodil vom Wasser aus. „Du machst allen Tieren hier am Fluss viel Freude".

„Ja, ich kann lustig sein", meint Kroko, „besonders, wenn ich keine schlechte Laune habe." Und dann lacht Kroko über sich selbst, und sein Lachen hören jetzt sogar die Affen in den Bäumen, die laut quietschen und zurücklachen. Kroko ist ganz aufgeregt und meint: „Ich stehe gerne auf dem Kopf und rolle mich im Wasser herum und springe an Land und denke mir was Neues aus. Und dass ich blau bin, dass ist einmalig. Blau ist eine schöne Farbe. Der Himmel ist blau, das Meer ist blau, meine liebste Blume ist blau – und wenn ich im Sand liege und träume, was sehe ich dann vor mir?"

„Natürlich blau!", ruft Billy. „Blau sind alle Wunder." Die Affen lachen und rufen im Chor: „Kroko, du bist toll, so wie du bist!"

Gesprächsimpulse:

- Warum ist Kroko am Anfang so unglücklich?
- Was geschieht, als das große alte Krokodil auftaucht?
- Welche lustigen Sachen macht Kroko im Wasser?
- Was macht ihn so „einmalig"?
- Wie fühlt sich Kroko am Ende der Geschichte?

Spielimpulse:

- Bewegung: Die Kinder ahmen Krokos Kunststücke nach.
- Malen: Mit Farben auf Papier verschiedene Blautöne ausprobieren. Wer mag Kroko malen, in einem wunderschönen Blau?

Kapitel 2

Fröhlich, traurig, wütend: Selbstregulation

Kindern, die ihre eigenen Gefühle differenziert erleben und benennen können, fällt es leichter, Gefühle einzuordnen und sie zu bewältigen. Wenn Gefühle als wertvoll und beachtenswert gelten, können sie differenziert betrachtet und schließlich auch gesteuert werden. Emotional kompetente Kinder sind meist flexibler und sozial kompetenter, weil sie auch die Gefühle anderer wahrnehmen und einordnen können, letztendlich resilienter als „Gefühle-Analphabeten".

Rate einmal!

Material:
–

Die Idee: Gefühle pantomimisch darstellen und benennen.

Spielimpulse:

- Die Spielleitung geht in die Mitte und spielt ein Gefühl pantomimisch vor (bei Trauer weinen, gebückt gehen, seufzen, bei Freude lachen usw.). Die Kinder benennen die sichtbare Reaktion und eventuell das Gefühl dahinter.
- Anschließend ist ein Kind an der Reihe und spielt ein Gefühl vor, während der Rest der Gruppe rät. Beim Spiel den gesamten Körper einsetzen!
- **Variante:** Gefühle gemeinsam in Kleingruppen vorspielen. So agiert die „Lachgruppe“, gefolgt von der Angstgruppe“, „Wutgruppe“ usw.

„Gefühle-Uhr"

Material:
Papier, Schere, Stifte, Klebstoff, 1 Pappteller, 1 Zeiger aus Pappe, 1 Musterklammer
Für die Variante: langer Pappstreifen, Wäscheklammern

Die Idee: Gefühle spüren und mit Hilfe der Gefühle-Uhr erkennen und einordnen.

Vorbereitung: Aus Papier vier kleine Kreise schneiden. Auf jeden Kreis einen Gesichtsausdruck malen (z. B. fröhlich, traurig, wütend, ängstlich). Die Kreise auf den Pappteller-Rand kleben (oben, unten, links, rechts). Einen Papp-Streifen als Zeiger mit der Musterklammer mittig auf dem Pappteller befestigen.

Spielimpulse:

- Die Kinder geben die Uhr im Kreis von Kind zu Kind. Jedes stellt mit Hilfe des Zeigers sein momentanes Gefühl ein. Wer mag, kann die Uhr hochhalten und vielleicht das momentane Gefühl benennen.
- **Variante:** Für eine „Gefühle-Ampel“ vier Kreise schneiden, „Gefühle-Gesichter“ (s. o.) aufmalen und untereinander auf einen langen Pappstreifen kleben. Die Ampel sichtbar an die Wand hängen. Jedes Kind erhält eine Wäscheklammer mit Namen oder einem persönlichen Bildchen und kann sie – nach dem eigenen Gefühl – neben das passende „Gefühls-Gesicht“ klammern.

Tipp:

Statt Gesichter selbst zu malen, „Emojis“ aus dem Internet ausdrucken.

Die Welt der Gefühle verstehen

WISSEN KOMPAKT

Studien zeigen: Kinder, die Gefühle wahrnehmen/erkennen, benennen und lenken können, haben mehr soziale Kompetenz, fühlen sich seelisch gesünder und tun sich im Leben meist leichter. Den Umgang mit Gefühlen bezeichnet man auch als „emotionale Intelligenz“ (oder Kompetenz) und diese wiederum fördert die Resilienz.

Das Erkennen von Gefühlen kann die Fachkraft in der Kita z. B. durch ein Gefühle-Kartenset, ein Gefühle-Poster oder eine Gefühle-Uhr unterstützen. Das Benennen von Gefühlen geschieht über das Lernen von Gefühle-Wörtern (traurig, ängstlich, fröhlich usw.). Dabei sollte man nicht von positiven und negativen Gefühlen sprechen, eher von schweren (z. B. Traurigkeit, Angst etc.) und leichten Gefühlen (Fröhlichkeit, Optimismus etc.). Mädchen wie Jungen müssen im Alltag Gefühle angemessen erleben und ausleben dürfen (in Abstimmung mit Gruppen-Regeln). So sollten sie ihre Ängste oder ihre Wut spüren, ohne dass die Bezugsperson sofort beschwichtigt: „Du brauchst keine Angst zu haben“ oder: „Hör auf mit deiner Wut!“. Alle Gefühle sind okay und dürfen da sein.

Der sozial verträgliche Umgang mit Gefühlen setzt die Fähigkeit voraus, Gefühle (Emotionen) lenken zu können.

Junge Kinder benötigen bei der Gefühlsregulation zunächst die Unterstützung durch eine Bezugsperson, die auf ihre Signale und Bedürfnisse eingeht, die tröstet, starke Gefühle abmildert und so aushaltbar macht. Sie verbietet Emotionen nicht, sondern spiegelt diese dem Kind angemessen und unterstützt es aktiv dabei, dass Gefühle als aushalt- und veränderbar erlebt werden (Co-Regulation).

Mit zunehmendem Alter und wachsender Ausreifung des Gehirns werden Kinder fähig, Gefühle auch selbstständig – d. h. unabhängig vom Mitwirken einer Bezugsperson – zu steuern. Dabei bedeutet es Anstrengung für das Gehirn, einerseits sozial unverträgliche Reaktionen zu unterlassen (z. B. bei Wut niemanden anzuschreien oder zu schlagen) und andererseits mit Gefühlen so umzugehen, dass die eigene Psyche zu ihrem Recht kommt (z. B. nicht ständig den Ärger runterzuschlucken, sondern angemessen auszudrücken).

Eltern und pädagogische Fachkräfte sollten ihrerseits authentisch sein, die eigenen Gefühle wahrnehmen, nach außen zeigen, benennen, angemessen regulieren und den Kindern somit ein Vorbild geben.

Emoji-Würfeln

Material:
6 Emojis (z. B. Freude, Trauer, Angst, Ärger, Ekel, Überraschung o. Ä.) als Aufklebe-Sticker oder aus dem Internet ausgedruckt, Würfel, Schere, Klebstoff

Die Idee: Die Basis-Gefühle sicher erkennen und benennen

Vorbereitung: Auf jede Seite des Würfels ein Emoji aufkleben.

Spielimpuls:

- Es wird reihum gewürfelt. Welcher Gesichtsausdruck liegt oben? Der Ausdruck bzw. das Gefühl soll von den Kindern benannt werden. Sie können den Ausdruck jeweils nachahmen und auch etwas dazu erzählen (wann und warum war ich fröhlich, traurig, wütend etc.).

PRAXISTIPP

GEFÜHLE ABC

Die pädagogische Fachkraft sollte eigene Gefühle ganz selbstverständlich benennen („Bin heute traurig, weil …“, „Bin ganz froh, weil …“) bzw. die Gefühle anderer Menschen thematisieren. Damit wird nicht nur die Gefühlswahrnehmung, sondern auch das Gespräch über eigenes und fremdes Erleben erleichtert und die Empathie gestärkt. Dazu braucht es Wörter für Gefühle, die genauso gelernt werden müssen wie das ABC. Wichtig ist ebenso die Wahrnehmung und das Verstehen non-verbaler Signale wie Mimik, Gestik, Körperhaltung und vegetativer Reaktionen.

Gesichter, Gesichter

Material:
Zeitschriften,
Scheren, Klebstoff,
großer Bogen
Papier
Für die Variante:
Kamera, Drucker

Die Idee: Anhand von Bildern (Gesichtern) die Gefühle der betreffenden Person erraten und benennen.

Spielimpulse:

- Die Kinder suchen in Zeitschriften nach menschlichen Gesichtern, die Gefühle ausdrücken (z. B. lachendes Baby, wütende Frau) und schneiden diese mit der Schere aus.
- In einem Gespräch überlegen alle, was in den jeweiligen Menschen wohl vorgehen könnte bzw. was er oder sie eventuell erlebt haben könnte („das Kind weint, weil es vielleicht Hunger hat", „die Frau ist wütend, weil ...").
- **Variante:** Die Kinder machen Gefühls-Grimassen (ängstlich, fröhlich, ärgerlich, traurig, ekelig, überrascht usw.) und lassen sich dabei fotografieren. Die Fotos anschließend ausdrucken und auf Pappe kleben (Gefühle-Karten).

Tipp:

Die Bilder auf einen großen Papierbogen kleben und als Poster an die Wand hängen.

Das Haus der Gefühle

Material:
z. B. Grusel-Utensilien (Masken, Halloween-Deko etc.), Stoffe, Box-Sack, Kissen, Luftballons, Bälle, Spiegel, Lichterketten, Scherz-Artikel, Decken, Entspannungsmusik usw.

Die Idee: Nach Wahl gestalten die Kinder gemeinsam einen Raum (oder eine Ecke), wo ein einziges Gefühl vorherrschend ist. Soll es ein „Angst-Raum" oder ein „Wut-Raum" sein? Die Kinder gestalten so viel wie möglich nach ihren eigenen Vorstellungen. Welche Gefühle erleben sie?

Vorbereitung: Die Kinder entscheiden sich für ein Gefühl und machen Vorschläge, wie sie den Raum gestalten wollen. Gemeinsam mit der Spielleitung holen sie Materialien und beginnen mit dem Aufbau.

Gestaltungsimpulse:

- Der „Gruselraum" wird mit Masken gestaltet
- Der „Wut-Raum" mit einem Box-Sack, Kissen u. Ä.
- Der „Spaß-Raum" mit Luftballons und Bällen
- Der „Überraschungs-Raum" mit Spiegeln, Lichterketten und Scherzartikeln
- Der „Entspannungsraum" mit Kissen, Decken und Musik

Ist alles fertig, kann jeder Bereich ausprobiert werden

- **Variante:** Die Raum-Atmosphäre wird nicht konkret gestaltet, sondern lediglich durch Worte beschrieben („Jetzt betreten wir einen dunklen Raum. Überall hängen Masken an den Wänden. Plötzlich erschallt schrilles Lachen ..."). So wird der Raum zu einem „Grusel-Raum". Ein anderer zu einem „Spaß-Raum" usw. Die Kinder bewegen sich entsprechend der Geschichte.

Tiere außer Rand und Band

Material:
–

Die Idee: Gefühle mit der Stimme bzw. durch Bewegungen ausdrücken. Dabei Tiere nachahmen.

Spielimpulse:

- Heute im Zoo sind alle Tiere außer Rand und Band: Löwen brüllen, Schlangen zischen, Hunde bellen, Elefanten trompeten, Pferde wiehern, Schafe mähen, Hähne krähen, Frösche quaken etc. Die Kinder stellen Tiere dar und können „in die Vollen gehen". Mit der Stimme lassen die Kinder Gefühle raus. Es darf ruhig laut werden. Dabei kommen auch Bewegungen zum Einsatz.
- Auf ein Zeichen der Spielleitung (z.B. Hand heben) können die Kinder im Wechsel laut und leise werden bzw. plötzlich verstummen.

STOPP!

Material: Stopp-Schild (Bildvorlage aus dem Internet ausdrucken oder einen Kreis aus Pappe ausschneiden und rot anmalen)

Die Idee: Ein Stopp-Signal kann in unterschiedlichen Lebenssituationen daran erinnern, dass es möglich ist, belastende Gedanken zu unterbrechen oder auch starke, überwältigend scheinende Gefühle wie Wut oder Angst zu regulieren.

Spielimpulse:

- Die Kinder bewegen sich frei im Raum, bis die Spielleitung das Stopp-Schild hochzeigt (oder einen roten Kreis) und dazu laut und deutlich „Stopp" ruft.
- Auf der Stelle bleiben alle stehen.
- Versteckt die Spielleitung das Schild hinter ihrem Rücken, so setzen alle ihre Bewegung fort, bis wieder das Schild auftaucht und ein lautes STOPP zum Stillstehen auffordert.

Wutsack und Co.

Material:
Box-Sack oder festes Kissen, große Tonne oder Eimer, Papier, Stifte, Knautschball (Anti-Stress-Ball), Softbälle, Papier

Die Idee: Starke Gefühle sind erlaubt und brauchen Raum! Einfach mal bei Wut auf ein Kissen boxen oder in den „Brülleimer“ brüllen!

Spielimpulse:

- Ein wütendes Kind darf auf einen Box-Sack boxen oder auf ein Kissen einschlagen.
- Wie wäre es mit einem Brülleimer? Eine große Tonne als solchen kennzeichnen (z.B. wütendes Gesicht darauf malen) und ein aufgeregtes Kind einladen, so richtig hineinzubrüllen.
- Ein wütendes Kind kann auch seinen Ärger aufmalen und das Blatt anschließend in den Eimer werfen.
- Es kann auch Knautschbälle fest mit den Händen drücken oder Softbälle auf eine Wand werfen (auch geknülltes Papier).

PRAXISTIPP

GEFÜHLE ANNEHMEN

Gefühle der Kinder dürfen einfach „da sein“ (Freude genauso wie Angst oder Wut). Bei Angst kann es helfen, sie einfach zu spüren und sie kommen zu lassen wie eine Welle – die irgendwann ihren Höhepunkt erreicht, dann wieder abflacht und vergeht.
Bei Wut ist es manchmal hilfreich, sich zwischen Reiz und Reaktion Zeit zu lassen, z.B. bis zehn zu zählen, tief durchzuatmen, zu entspannen. Manchmal kann Wut-Energie umgelenkt werden, beispielsweise durch Bewegung. Bei Aggressionen gegen andere Kinder auf Gruppenregeln verweisen. Zusätzlich klären: Welches Bedürfnis steckt hinter einem bestimmten Verhalten?

Ängstlicher Ball

Material:
Ball

Die Idee: Der Ball gibt den Impuls, Ängste zu benennen

Spielimpulse:

- Die Kinder rollen den „Angst-Ball“ im Kreis von einem zum anderen kreuz und quer und nennen dabei eine Angst(-Situation), z. B.: „Ich habe Angst im Dunklen“ oder „Ich habe Angst vor Wasser“ usw.
- In der nächsten Runde können die Kinder beim Ball-Zurollen sagen, was sie gegen ihre Angst tun oder tun könnten („Wenn ich Angst im Dunklen habe, dann hole ich mir meinen Teddy“ usw.).

Hinweis:

Die Kinder dürfen nicht zu Antworten gedrängt werden. Die Spielleitung unterstützt bei Bedarf.

Jetzt bin ich mal der Hund ...

Material:
–

Die Idee: Ein Rollenspiel gibt den Kindern die Gelegenheit, eine angstbesetzte Situation darzustellen.

Spielimpulse:

- Die Kinder wählen sich eine angstbesetzte Situation aus und stellen sie im Rollenspiel dar. Wenn die Angst vor einem Hund gespielt werden soll, dann wird zunächst der Spieß umgedreht: Die Kinder sind nicht die ängstlichen Spaziergänger, die an einem bellenden Hofhund vorbeigehen müssen, sondern selber kläffende Hunde.
- Erst dann kommt der Rollentausch.
- Jetzt können die Kinder einzeln oder als Kleingruppe an einem oder mehreren Hunden vorbeilaufen.
- Wer möchte weitere Ängste benennen und im Spiel darstellen?

PRAXISTIPP

ÄNGSTE IM ROLLENSPIEL DARSTELLEN

Angst ist nicht nur unangenehm, sondern auch (lebens-)wichtig. Sie schützt davor, allzu leichtsinnig zu werden und sich in Gefahr zu bringen. Doch zu viel Angst blockiert. Die schrittweise Konfrontation mit Angst-Reizen kann helfen, schwierige Situationen zu bewältigen. Auch durch darstellendes Spiel und Einnehmen verschiedener Rollen übt das Kind, sich in angstbesetzte Situationen hineinzuwagen und sie zu bewältigen. Dabei können neue Verhaltensweisen und Problem-Lösungen ausprobiert werden.

Geister und Jäger

Material: eine oder mehrere Taschenlampen

Die Idee: Geister mit Taschenlampen-Licht unschädlich machen.

Spielimpulse:

- Die Kinder bilden zwei Gruppen: Geister und Jäger. Die Jäger gehen mit Taschenlampen vor die Tür, die Geister bleiben im Raum und verändern ihn gespenstisch, indem sie Gardinen zuziehen, Licht dimmen usw.
- Dann kommen die Jäger in den Raum zurück. Die Geister verstecken sich zunächst. Dann tauchen sie plötzlich auf und beginnen zu spuken. Sie können dabei gruselige Geräusche machen. Zwischendurch sind sie wieder verschwunden, um dann plötzlich erneut ihr Unwesen zu treiben.
- Wenn ein Geist von einem Jäger mit der Taschenlampe angeleuchtet wurde, ist er „entzaubert“ und muss auf der Stelle wie erstarrt stehenbleiben. Erst wenn alle Geister mit Licht „gefangen“ wurden, ist der Spuk vorbei.
- Danach folgt ein Rollentausch: Die Geister werden zu Jägern und umgekehrt.
- **Variante:** Geister mit der Hand abklatschen und somit fangen.

Geschichte: Clara und das Schlaflosmonster

Material: Flöte oder Trillerpfeife, evtl. Lampe

Die Idee: Clara ist allein im halbdunklen Zimmer mit Schatten an der Wand und einer wehenden Gardine. Ist das wirklich ein Monster? Mit einem Trick zeigt sie Mut.

Die Geschichte:

Clara liegt in ihrem Bett und kann nicht schlafen. Papa und Mama sind bei den Nachbarn, die ein Stockwerk tiefer wohnen. Das neue Baby haben sie mitgenommen. Es heißt Jan-Thorben, hat ein rosiges Gesicht und schreit die meiste Zeit. Papa hat gefragt, ob er das Babyfon bei Clara lassen soll. Falls Clara allein in ihrem Zimmer Angst bekommen sollte, könnte sie laut rufen. Papa würde es über das Babyfon bei den Nachbarn hören und gleich hochkommen, um zu schauen, ob alles okay ist.

„Angst, pah, ich doch nicht“, hatte Clara geantwortet. „Ich bin doch kein Baby mehr und brauche kein Babyfon.“

Neben Claras Bett leuchtet die Traumlampe, die Mama angelassen hat, damit wenigstens etwas Licht ins Zimmer scheint. Doch was ist das? Ganz oben auf dem Schrank, unterhalb der Zimmerdecke, sitzt plötzlich ein dicker schwarzer Schatten! Der war doch gestern noch nicht da. Er bewegt sich kein bisschen von der Stelle. Schaut er jetzt herüber?

Clara zieht die Bettdecke ganz dicht unter die Nasenspitze. Ihr Herz beginnt laut zu klopfen und ihr wird heiß.

Auch die Gardine im Zimmer sieht merkwürdig aus. Sie weht und bläht sich auf wie ein weißes, durchsichtiges Nachtgespenst.

„Bitte nicht, bitte nicht!“, ruft Clara und ihre Stimme klingt flehend. Sie richtet sich kerzengerade auf. Ihr Blick wandert in die Richtung des Spielzeugregals neben dem Bett. Dort liegt eine kleine Flöte. Sind Monster nicht geräuschempfindlich?

Clara greift hastig nach der Flöte und pustet aus Leibeskräften hinein. „Aaaaaaahihihihihiffffff“ ... „Aaaaaaahihihihihiffffff“ ... Dann schreit sie ohrenbetäubend laut und wedelt dabei wild mit den Armen. Das klingt so schrill und schräg, dass vermutlich sogar ein Vampir vor Schreck in Ohnmacht fallen würde.

Kurz darauf wird die Tür aufgerissen. Und wer steht im Türrahmen? Es ist Mama mit Jan-Thorben auf dem Arm.
„Was ist denn um Himmelswillen hier los?“, fragt Mama verwundert.
„Der dunkle Schatten da oben“, stammelt Clara und zeigt auf die Wand gegenüber.
„... Und in der Gardine da am Fenster hatte sich vielleicht, ich glaube ... etwas versteckt. Aber ich habe es vertrieben, bestimmt!“
Mama geht zum Fenster und schließt es leise. Dann knippst sie das große Licht an. Sogleich wird es taghell im Zimmer.
„Die Gardine, das war nur der Wind“, beruhigt Mama.
„Und der dunkle Schatten an der Wand da oben?“, fragt Clara.
„Schau mal, was liegt da auf dem Schrank?“, möchte Mama wissen.
Clara dreht den Kopf und entdeckt oben auf dem Schrank ihren Kinderkoffer. Mama zeigt darauf und meint: „Ich habe deinen Koffer schon mal gepackt und auf den Schrank gestellt, für nächstes Wochenende. Du weißt schon, du fährst zu Oma.“
„Au ja!“, freut sich Clara. „Daran habe ich gar nicht mehr gedacht.“
Sie hat übrigens auch nicht dran gedacht, dass ein Koffer Schatten wirft, wenn das Licht der Traumlampe darauf fällt und dass Gardinen wehen, wenn der Wind mit ihnen spielt. Aber: Clara hätte eh gesiegt im Kampf gegen Schlafmonster, weil Monster empfindliche Ohren haben und so schreckhaft sind. Ganz bestimmt!

Gesprächsimpulse:

- Was sieht Clara im halbdunklen Zimmer?
- Warum hat sie plötzlich Angst? Und wovor? Was tut sie dagegen?
- Was kannst du selbst tun, wenn du Angst bekommst?

Spielimpulse:

- Alle spuken als Gespenster durch den Raum. Ein Kind pfeift plötzlich mit einer Flöte, worauf alle Gespenster wie angewurzelt stehen bleiben (bzw. hilflos zu Boden sinken).
  → Oder: Ein Gespenst nach dem anderen mit der Flöte anpfeifen und einzeln „außer Gefecht setzen“.

Kapitel 3

Das schaffe ich schon: Selbstwirksamkeit

„Das habe ich noch nie vorher versucht,
also bin ich völlig sicher, dass ich es schaffe."
Pippi Langstrumpf

„Das kann ich schon!" Oder: „Das will ich alleine machen!" Bereits junge Kinder haben einen ausgeprägten Hang zur Eigenständigkeit. Sie wollen vieles handhaben, ausprobieren, allein bewältigen. Dabei werden sie von Neugier und Optimismus getragen.
Die Erkenntnis: „Ich kann etwas bewirken" beflügelt zu immer neuen Entdeckungen.

PRAXISTIPP

PORTFOLIO, ICH-BUCH, STÄRKEN-BUCH …

Gestalten Sie mit jedem Kind eine Mappe, worin Bildwerke, Fotos, Gedanken/Aussagen, Kita-Projekte, eigene Lerngeschichten etc. gesammelt werden. Die Mappe ist Ausdruck der kindlichen Kompetenzen, Stärken und individuellen Lernschritte. Inhalte: Das bin Ich – Meine Familie – Das kann ich – Das will ich noch lernen – Das habe ich mitgemacht – Das finde ich interessant

Meine Stärken-Schatzkiste

Material: Pappe, Schere, Stift (alternativ PC/Drucker), schöne Kiste

Die Idee: Wer kennt seine Stärken und Fähigkeiten? Einfache Fragen helfen den Kindern auf die Sprünge.

Vorbereitung: Viereckige Papp-Karten ausschneiden und auf jede Karte eine Frage schreiben, z. B.:

- Was magst du gerne an dir?
- Was mögen andere an dir?
- Was kannst du besonders gut?
- Was (womit) spielt du besonders gerne?
- Wofür hast du schon mal Lob bekommen?
- Was hast du bisher ganz alleine geschafft?
- Wenn du etwas nicht willst, was machst du?
- ???

Die Fragen in eine „Schatzkiste" legen.

Spielimpulse:

- Ein Kind nach dem anderen zieht eine Karte. Die Spielleitung liest jeweils den Text der Frage vor.
- Ist die Frage beantwortet, so wandert die Karte zurück in die Schatzkiste.
- Die ???-Karte ermöglicht es den Kindern, selber eine Frage zu formulieren.
- Das Spiel ist beendet, wenn alle (die mögen) reihum geantwortet haben.

Lob-Dusche

Material:
Für die Variante:
Luftschlangen, Schnipsel, Konfetti

Die Idee: Positive Eigenschaften nennen und sich mit ehrlichem Lob „einseifen“ lassen.

Spielimpulse:

- Im Kreis: Ein Kind stellt sich in die Mitte und tut so, als würde es sich einseifen. Drei bis vier andere Kinder „duschen es ab“, indem sie mit Fingerbewegungen herabfließendes Wasser andeuten. Dabei werden positive Eigenschaften des Kindes genannt wie z. B.: „Du siehst heute hübsch aus“, „Du bist lustig“, „Du kannst schön singen“ etc.
- Wenn genug gelobt wurde, stellt die Spielleitung die Dusche mit einer Handbewegung einfach ab. Wer möchte sich als Nächstes duschen lassen?
- Variante: Für Kindergeburtstage: Das Geburtstagskind erhält mit der Lobdusche einen „Regen“ aus Luftschlangen, Schnipseln, Konfetti o. Ä.

Tipp:

Es ist wichtig, nicht nur Leistungen zu erwähnen, sondern auch ein grundsätzliches „Wir mögen dich“ zu betonen. In einem kurzen Gespräch klären, wie sich das einzelne Kind fühlt!

Stärken und eigene Kräfte entdecken

WISSEN KOMPAKT

Der Psychologe Albert Bandura prägte den Begriff „Selbst-Wirksamkeit". Was verbirgt sich dahinter? Hier geht es um die subjektive Überzeugung, eigenständig etwas gestalten oder verändern zu können, Kontrolle über eine Situation zu besitzen und durch eigene Handlungen Einfluss auf die Umwelt auszuüben. Traue ich es mir zu, alleine zur Kita zu gehen oder zum Einkaufen? Glaube ich daran, dass ein Bild oder ein Bauwerk gelingen wird oder fange ich erst gar nicht an, weil ich denke, es klappt sowieso nicht?
Bereits die Überzeugung „Ich schaffe das" deutet auf Optimismus hin und beeinflusst Motivation und Erfolgschancen. So fühlen sich Menschen mit eigener Selbstwirksamkeits-Erwartung insgesamt wohler. Sie sind neugieriger, belastbarer und widerstandsfähiger als Menschen ohne oder mit geringen Selbstwirksamkeits-Erwartungen. Die Einstellung zu den eigenen Fähigkeiten und Talenten kann durch folgende äußere Einflüsse beeinflusst werden:

- Erfolgserlebnisse des Kindes (Aufgaben übernehmen bzw. lösen)
- Stellvertretende Erfahrungen (Vorbild der Bezugspersonen, Figuren in Geschichten ...)
- Verbale Ermutigung (Lob, positives Feedback)
- Steuerung emotionaler Zustände (wie z. B. Stress, Angst).

Das Gegenteil von „Selbstwirksamkeit" ist die „erlernte Hilflosigkeit". Wiederholen sich solche Erfahrungen von Hilflosigkeit häufiger, so besteht die Gefahr der Generalisierung. Wer ein Kind wiederholt auf die Schaukel hebt, ohne ihm die Möglichkeit zu geben, es selber zu probieren, nimmt ihm die Chance, durch eigene Versuche die Herausforderung selbstständig zu bewältigen. Das Kind wird vermutlich auch in anderen Situationen vorschnell die Hand ausstrecken und Unterstützung erwarten.
Spiel- und Lernangebote sollten so gestaltet sein, dass Mädchen und Jungen herausgefordert, jedoch nicht überfordert werden. So können Kinder Erfolgserlebnisse und Zuversicht generalisieren.
Zu erwähnen ist hier auch der hilfreiche Optimismus und der Glaube daran, dass man in seinen eigenen Fähigkeiten wachsen kann (sog. „Wachstumsdenken" oder „Groth mindset").

Gorilla-Atmung

Material:
–

Die Idee: Trommeln, tönen, atmen wie ein Gorilla. Das schenkt Kraft und Energie.

Spielimpuls:

- Körperpose: Aufrecht stehen und wie ein selbstbewusster Gorilla-Mann (bzw. eine Gorilla-Frau) mit beiden Fäusten auf die Brustmitte trommeln und tönen – z. B. „Hooooooo“ oder „Haaaaaaa“ rufen! Tönende Ausatmung befreit und löst Gefühle. Das macht wach, schenkt neue Energie und frischen Mut.

PRAXISTIPP

POSITIV IN DEN MORGEN STARTEN

Der Morgenkreis eignet sich wunderbar dazu, mit positiver Wahrnehmung in den Tag zu starten. Dazu können z. B. alle im Kreis eine selbstbewusste Körperpose einnehmen („Gorilla“ o. Ä.) bzw. einen Spruch oder eine stärkende Affirmation sagen („Wir schaffen das“). Der Blick auf die eigenen Stärken soll zu einem Stärkungs-Ritual werden (siehe „Lobdusche“, S. 42). Optimismus (aber auch Dankbarkeit) wirkt sich motivierend aus und kann die Resilienz fördern.

Aufgaben im Hut

Material:
Hut, Zettel, Stift

Die Idee: Mitmachen, Mitgestalten, Verantwortung übernehmen – das kann mit kleinen Aufgaben im Kita-Alltag eingeübt werden.

Vorbereitung: Die Spielleitung schreibt verschiedene Aufgaben auf Zettel und malt ein Symbol dazu (z. B. Blume für „Blumen gießen“, Besen für „Raum fegen“, Lappen für „Tische abwischen“ usw.). Dann legt sie alle Zettel in einen Hut und stellt diesen in die Mitte.

Spielimpulse:

- Die Spielleitung oder ein Kind zieht einen Aufgaben-Zettel und hält ihn sichtbar hoch. Welches Kind möchte diese Aufgabe übernehmen?
- Wer sich gemeldet hat, nimmt den jeweiligen Aufgabenzettel an sich (evtl. zur Erinnerung an eine Pinnwand heften).

Tipp:

Bestimmte Zettel sollten doppelt und dreifach vorhanden sein, damit Kinder sich bei diesen Aufgaben als Team zusammentun können. Die Aufgaben gelten für einen Tag oder auch für mehrere Tage.

Wunschperlen

Material:
Für die Variante:
Körbchen,
farbige Perlen

Die Idee: „Was würdest du verändern, wenn du Leiter(-in) dieser Kita wärst oder Bürgermeister(-in) der Stadt?“. In Gruppengesprächen lernen Kinder, ihre Meinung zu sagen.

Spielimpulse:

- Die Kinder, die dies möchten, sagen reihum ihre Meinung: „Wenn ich Leiter(-in)/Bürgermeister(-in) wäre, dann würde ich ... (z.B. einen größeren Sandkasten bauen, neue Bälle kaufen, öfters Pizza backen, draußen ein Beet anlegen, eine Matschecke einrichten).
  → Welche Vorschläge haben am besten gefallen? Was ist zu tun? Die Kinder überlegen gemeinsam, wie sich die Ideen umsetzen lassen, beispielsweise um Spenden für Bälle bitten, einen Pizza-Back-Tag einrichten, die Eltern um Mithilfe beim Gartenbeet-Anlegen bitten usw.
- **Variante:** Gibt es verschiedene Meinungen, können die Kinder abstimmen, z.B. mit Perlen in unterschiedlichen Farben. Wer für Vorschlag A ist, legt z.B. eine rote Perle in ein Körbchen, wer für B ist, eine blaue Perle in ein anderes. Zum Schluss die Perlen auszählen. Welcher Vorschlag hat die Mehrheit?

Tipp:

Wichtig: Den Worten sollten auch Taten folgen!

PRAXISTIPP

SELBER MACHEN!

Jedes Kind sollte all die Dinge selbständig tun, die es ohne fremde Hilfe bewältigen kann. Altersgerechte Aufgaben, Verantwortung und Mitbestimmung ermöglichen die Erfahrung von Selbstwirksamkeit, stärken Selbstbewusstsein und Resilienz. Partizipation (Mitbestimmung) kann darin bestehen, dass Kinder an Entscheidungen beteiligt werden, z. B. beim Essensplan, bei Anschaffungen, Spielangeboten, bei Gruppen-Regeln und bei den Kinderrechten in der Kita.

Insel-Springen

Material:
Matten

Die Idee: In einem Bewegungsspiel Selbstwirksamkeit üben.

Vorbereitung: Matten in Abständen im Raum verteilen.

Spielimpulse:

- Die Spielleitung erklärt: Überall ist Wasser, nur die Matten sind rettende Inseln.
- Die Kinder haben die Aufgabe, mutig von Matte zu Matte zu springen und die Abstände (das Meer) auf diese Weise zu überwinden.
- **Variante:** Matten im Kreis wie eine Blüte arrangieren. Zum Mittelpunkt hin sind die Matten dicht nebeneinander, nach außen jedoch weit voneinander entfernt. So kann jedes Kind den Abstand beim Springen selber wählen.

Achtung Krokodile!

Material: Turnbank, Brett, Getränkekisten, schmale Dachlatten, Plastikschüsseln, dickes Seil

Die Idee: Balancieren über Geräte, wobei Gleichgewicht und Mut gefragt sind.

Vorbereitung: Hintereinander werden Geräte aufgebaut, z.B. eine umgedrehte Turnbank, Getränkekisten mit einem Brett darüber, umgedrehte Plastikschüsseln, ein dickes Seil etc. Wenn draußen gespielt wird, kann der Weg auch über mehrere Steine führen.

Spielimpulse:

- Die Spielleitung erklärt, dass der Balancierweg mitten durchs Wasser führt. Wer traut sich, bis zum Ende des Balancierwegs übers „Wasser" zu gehen?
- **Variante:** Ringsum krabbeln einige Kinder als hungrige Krokodile, die versuchen, das Balancieren zu stören.

Kurz & knapp
Selbstwirksam durch Bewegungs-Spiele

In Bewegungsspielen können Kinder durch körpernahe Erfahrungen ein Stück Selbstwirksamkeit üben. Ideal sind Spiele, die in kurze Geschichten oder Rollenspiele eingebettet sind, z.B. in eine Zirkusnummer, das Auffinden eines Piratenschatzes o.Ä. Mit Fantasie können Kinder unbekannte Räume erobern, Herausforderungen bewältigen, Mut zeigen (aber auch Ängste wahrnehmen, durchleben, überwinden). Nervenkitzel ist übrigens nicht immer unangenehm, sondern kann auch das gewisse „Prickeln" auslösen. Das gilt besonders für selbst gewählte (Bewegungs-)Aufgaben im Freispiel, wobei Kinder gerne ihre eigenen Möglichkeiten und Grenzen testen. Die Spielleitung beobachtet und unterstützt bei Bedarf!

Auf ins Weltall

Material:
Matten, Kisten/Bänke, Kiste mit Bällen

Die Idee: Von einer Matte aus (Raketenbasis) auf einen Berg aus Matten (Planet) „fliegen“ (springen). Dann den Planeten erkunden.

Spielimpulse:

- Die Spielleitung baut mit den Kindern einen „Planeten im Weltall“ (mit mehreren Matten). Damit Spannung entsteht, kann der Planet Schrägen bekommen, Bodenwellen oder einen hohen Berg (Kisten/Bänke unter die Matten stellen). Interessant ist auch ein Krater, in dem sich ein Kind als Drache versteckt (Kiste mit Bällen).
- Mit ein wenig Abstand vor dem Planeten platzieren die Kinder eine Matte als „Startbasis für eine Rakete“. Von dieser Matte aus fliegen (springen) die Astronautinnen/Astronauten mit Anlauf auf den Planeten. Nach der Landung wird der Planet erkundet.
- Der Drache verteidigt den Planeten, indem er die Eindringlinge mit Bällen abzuwerfen versucht. Die Eindringlinge wiederum versuchen, dem Drachen die Bälle zu klauen. Wie kann der Drache überlistet werden? Ist er besiegt, wird ein neuer Drache gewählt.

Vorsicht, das geht schief!

Material:
Igelball o. Ä.

Die Idee: Wer kennt ihn nicht, den kleinen fiesen Troll im Nacken oder im Ohr? Griesgrämig und kritisch beobachtet er dich und nölt er an dir herum. Er hat Sprüche drauf wie: „Du bist nicht gut genug!“, „Du bist faul“, „Nie räumst du auf!“, „Das geht sowieso schief“ usw. Wie soll man da an sich selbst glauben? Mit dem „Troll-Spiel“ sagen wir einfach „STOPP!“

Spielimpulse:

- Im Kreis: Die Spielleitung beginnt mit einem „Troll-Satz“, z. B.: „Mein Troll sagt: Du bist unordentlich“. Dann überlegt sie: „Stimmt das?“ Sie kommt zu dem Schluss: „Nö, kann man nicht sagen. Neulich habe ich das Spielzeugregal aufgeräumt und den Sandkasten.“
- Danach gibt sie den Ball im Kreis an ein Kind weiter. Das Kind sagt nun ebenfalls einen „Troll-Satz“, z. B. „Ich kann nicht malen“. Stimmt das? ...
- Der Ball wird reihum gegeben und alle, die dies möchten, lassen den Troll etwas sagen.
- Zum Schluss oder zwischendurch sprechen alle über ihre Erfahrungen. Jedes Kind kann mit dem Troll „verhandeln“ und seine eigene Meinung sagen.

Tipp:

Troll-Sätze entstehen, wenn andere (Erwachsene oder Kinder) einem Kind etwas einreden, das so vielleicht gar nicht zutrifft. Mit STOPP und NEIN wird so mancher Troll-Satz hinterfragt bzw. zurückgewiesen.

Halt, nein!!!

Material:
–

Die Idee: Eigene und fremde Grenzen spüren und achten.

Spielimpulse:

- Die Kinder bilden zwei Reihen und stellen sich dann mit großem Abstand gegenüber auf. Reihe 1 geht Schritt für Schritt vorwärts, Reihe 2 kann jederzeit durch Ausstrecken der Arme und lautes „Nein"-Rufen Reihe 1 stoppen. Diese bleibt dann stehen, bis Reihe 2 die Arme wieder herunternimmt. Nun darf Reihe 1 weitergehen, vielleicht bis zum nächsten „Nein".
- **Variante:** Es kann auch vereinbart werden, dass Reihe 1 bei „Nein" wieder zum Ausgangspunkt zurückgehen und von vorne anfangen muss. Irgendwann sollen sich die beiden Reihen wirklich treffen und die Plätze tauschen.

PRAXISTIPP

MUT ZUM NEIN! SELBSTVERTRAUEN DURCH GRENZEN

Der Respekt vor persönlichen Grenzen sollte immer wieder geübt werden. Wenn Fachkräfte die Gefühle und Meinungen der Kinder ernst nehmen, ihre Grenzen achten und bei ihnen auch den Mut zum Nein-Sagen fördern, so schaffen sie eine wichtige Grundlage für Selbstvertrauen und Selbstbehauptung.

Tante Smilla mit dem Blumenhut

Material: Kreide

Die Idee: Was tun, wenn man nicht von seiner Tante geknuddelt und abgeschmatzt werden möchte? Da könnte man doch zur Tigerin werden. Oder?

Die Geschichte:

„Hallo, mein Engel“, sagt Tante Smilla mit hoher Stimme. Sie steht lachend in der Tür und streckt beide Arme aus. Dabei verrutscht ihr großer Blumenhut, ohne dass sie es bemerkt. Ihre langen Ohrringe wackeln hin und her, als sie sich nach vorne beugt und Edda einen dicken Kuss auf die Wange drückt. „Schmatz“, macht es dabei. Tante Smilla duftet nach Parfüm, aber das riecht nicht so schön wie das von Mama, sondern irgendwie anders.

„Der Tee ist gleich fertig!“, ruft die Mutter aus der Küche.

„Lass dir Zeit!“, ruft Tante Smilla zurück. „Erst kommt mein Geschenk für Edda!“

Tante Smilla nimmt ihren Blumenhut ab, zieht den Mantel aus. Dann hebt sie Edda lachend in die Luft, ganz hoch, und stellt sie gleich anschließend wieder zurück auf den Boden.

„Komm, wir setzen uns. Ich habe eine Überraschung!“, meint Tante Smilla geheimnisvoll. Kurz darauf sitz Edda auch schon auf Tante Smillas Schoß.

Die Tante greift in ihre Handtasche und nimmt ein Päckchen heraus. Edda sieht nur rosa Papier und eine dicke, glitzernde Schleife.

„Auspacken!“, fordert Tante Smilla, und bei diesen Worten gibt sie Edda noch mal einen Kuss. „Schmatz!“

Edda dreht sich zur Seite. Schmatzer sind so gar nicht ihr Ding. Schließlich löst sie die Glitzerschleife und öffnet vorsichtig das rosa Papier.

„Oh, Socken mit Herzen“, sagt Edda und lächelt verlegen.

Dann überlegt sie: Beim letzten Besuch der Tante gab es eine Schneekugel, die man schütteln kann. Davor war es eine Spieluhr, die sich dreht und davor? Edda kann sich nicht erinnern. Was sie aber noch weiß: Immer gibt es diesen dicken Kuss dazu, und jedes Mal hat Edda so ein komisches Gefühl im Bauch. Heute wächst das komische Gefühl sogar mehr als sonst. Es wächst in Eddas

Bauch und steigt über ihre Brust in den Kopf. Edda beißt die Zähne zusammen wie eine Tigerin, die eigentlich „nein“ fauchen will, aber nicht kann. Da passiert es:
„Huah!“, brüllt Edda plötzlich in der Tigersprache. Und das heißt so viel wie: „Jetzt habe ich genug von rosa Socken, von Küssen und von Tante Smillas Parfum!“
Edda reißt sich los und rennt in ihr Zimmer. Die Tante bleibt ratlos zurück. Ja, Tigerinnen sind schnell ...

Gesprächsimpulse:

- Einerseits lässt sich Edda von der Tante einiges gefallen, aber andererseits ...? Andererseits fühlt sie sich nicht wohl, wenn sie auf Tante Smillas Schoß sitzen muss. Auch die Küsse der Tante mag sie nicht.
- Wie könnte die Geschichte weitergehen?
- Was tust du selber, wenn du etwas machen sollst, das du nicht willst oder magst?

Spielimpuls:

- Mit Kreide einen Kreis auf den Boden malen. Die Hälfte der Gruppe stellt sich hinein. Der Rest bleibt draußen und versucht, sich dem Kreis zu nähern oder einzudringen. Wie können die Eindringlinge abgewehrt werden? Mit „Nein-Rufen“? Mit Gesten? Dann werden die Gruppen getauscht.

Kapitel 4

Das packe ich an! Probleme lösen

Erwachsene sollten Kindern nicht alle Schwierigkeiten aus dem Wege räumen, keine vorschnellen Lösungen anbieten oder dauernd eine „Komfortzone" gestalten. Es darf ruhig mal beschwerlich und ungemütlich werden. Kinder finden oft von sich aus Mittel und Wege der Problemlösung, wenn man sie beteiligt (Partizipation).
Kleine Spiele oder einfache Experimente und Aktionen („Wie bauen wir einen Turm aus Luftballons?") regen spielerisch zur Problemlösung an.

Was tust du, wenn

Material:
Ball

Die Idee: Fragen wie: „Was machen wir jetzt?“ regen zum Nachdenken an und lassen kreative Lösungen purzeln.

Spielimpulse:

- Ein Kind nimmt den Ball, rollt ihn einem anderen zu und stellt eine Frage. Jede Frage beginnt mit „Was tust du, wenn ...“
  - ... du dein Frühstück vergessen hast?
  - ... du dich draußen verlaufen hast?
  - ... du im Garten einen kranken Vogel findest?
  - ... ein anderes Kind hingefallen ist und das Knie blutet?
  - ... deine Freundin/dein Freund nicht mit dir spielen will?
  - ... du allein zu Hause bist und es plötzlich an der Tür klingelt? ... usw.

Tipp:

Es wird so lange reihum gespielt, bis möglichst alle einmal an der Reihe waren.

Seile, Bänder und Co.

Material:
Seile, Gummibänder
Für die Variante:
Trittleiter, Hocker, Kiste, Stuhl, Bank, Matten

Die Idee: Bewegungs- und Geschicklichkeitsspiel

Vorbereitung: Zwischen Spielgeräten oder Bäumen werden kreuz und quer Seile/Bänder gespannt, sodass ein Spinnennetz entsteht.

Spielimpulse:

- Die Kinder sollen die Seile/Bänder geschickt überwinden und dürfen sie dabei auf keinen Fall berühren, weil sie sich sonst „verbrennen" könnten. Wer ein Seil berührt und sich verbrannt hat, muss ausscheiden. Wer bleibt zum Schluss übrig?
- **Variante:** Die Seile/Bänder werden so hoch gespannt, dass sie nur mit Hilfsmitteln überwunden werden können (z. B. über eine Trittleiter oder mit Hilfe von Hockern, Kisten, Stühlen, Matten etc.). Die Kinder können sich für die „Problemlösung" untereinander beraten.

Tipp:

Die Spielleitung beobachtet, gibt nur auf Anfrage der Kinder Hilfestellung.

WISSEN KOMPAKT

Wie Kinder an Aufgaben wachsen

Schon Alltägliches kann zu einem Übungsfeld für Problemlösungs-Kompetenz werden: Wie schneide ich Obst mit dem Messer? Wie ziehe ich mich alleine an? Wie kann ich zusammen mit zwei Freunden eine Bude bauen? Was tue ich, wenn mir ein anderes Kind mein Spielzeug wegnehmen will?
Wer eine Aufgabe gelöst oder eine Belastung überstanden hat, ist meist besser für die nächste Herausforderung gewappnet. Problemlösekompetenz fördert das Selbstwertgefühl, stellt ein bedeutsames Element von Resilienz dar und kann die psychische Gesundheit verbessern. Der Glaube an die eigenen Fähigkeiten (Selbstwirksamkeit) und eine Portion Optimismus machen Mut. Durch Versuch und Irrtum werden z. B. so lange verschiedene Möglichkeiten ausprobiert, bis eine wirksame Problemlösung in Sicht ist. Maja z. B. probiert so lange verschiedene Techniken aus, bis es ihr gelingt, selbstständig in einen riesigen Karton zu klettern. Die pädagogische Fachkraft beobachtet sie dabei, greift aber nicht ein (nur bei Gefahr im Verzug). In vielen Situationen finden Kinder ganz allein kreative Lösungen. Manchmal bitten sie Außenstehende um Unterstützung.

Abenteuerliche Survival-Tour

Material: Papier, Stifte, Schere, Band, „Schatz" (z. B. in einer Kiste)

Die Idee: Ein Ausflug nach draußen bietet Herausforderungen und stellt die Kinder vor – lösbare – Aufgaben. Eingebettet in eine spannende Geschichte wächst die Motivation und Problemlösen wird zum Kinderspiel.

Vorbereitung: Auf Zetteln eine Aufgabe vereinfacht zeichnen (z. B. Flasche für „Quellwasser mitnehmen", Bach für „Bach überqueren", Baumstamm für „balancieren" … und zum Schluss eine Schatzkiste für „Schatz bergen"). Die Spielleitung befestigt bei einer „Vor-Tour" die Zettel an Bäumen und Sträuchern. Dann beginnt das Abenteuer!

Spielimpulse:

- Auf ein Startzeichen geht die Gruppe mit der Spielleitung gemeinsam los. Auf dem Weg müssen die Zettel eingesammelt, die Aufgaben gelöst und die Schatzkiste gefunden werden.
- **Variante:** Zwei Gruppen bilden, die um die Wette suchen.

Tipp:

Erzeugen Sie Spannung! So ist das Wasser im Bach „Zauberwasser", der Baumstamm eine „wacklige Dschungelbrücke" und auf der Wiese wurde eine „Schlange" oder ein kleines „Krokodil" gesichtet.

Kleine Architekten

Material:
Becher, Schachteln, Hölzer u.a. kleine Gegenstände aus der Reste-Kiste, Wecker

Die Idee: In einem bestimmten zeitlichen Rahmen in Kleingruppen eine Aufgabe kreativ lösen.

Spielimpulse:

- Die Kinder bilden mehrere kleine Gruppen. Alle bekommen das gleiche Material, d.i. die gleiche Anzahl an Bechern, Schachteln, Hölzern etc.
- Die Spielleitung stellt eine Aufgabe, z.B. einen „Riesenturm bauen“ oder eine „Stadt gestalten“ etc.
- Auf ein Startsignal – „Achtung, fertig, los!“ – starten alle Gruppen gemeinsam.
- Die Spielleitung sollte einen groben zeitlichen Rahmen festlegen und irgendwann STOPP rufen (oder einen Wecker klingeln lassen). Dann müssen alle Hände ruhen.
- Zum Schluss gehen die Kinder von Tisch zu Tisch und betrachten die verschiedenen Ergebnisse.

PRAXISTIPP

UNSER PROJEKT

Im Alltag gibt es viele Gelegenheiten, ein Vorhaben gemeinsam zu planen (Ausflug, Fest, Raumgestaltung, Gartenbeet, Wochenthema ...). „Wie stellt ihr euch den Ablauf vor?“ Wünsche können aufgemalt oder als Collage gestaltet, dann mit allen besprochen und schließlich schrittweise in die Tat umgesetzt werden. Dazu Aufgaben verteilen und Helfer(-innen) ansprechen. Wer hat welche Kompetenzen?

Überzeugen will gelernt sein

Material: evtl. Kugel oder Stab

Die Idee: Argumente und Gegenargumente finden.

Gesprächsimpulse:

- Die Spielleitung nimmt eine extreme Position ein, z. B.: „Heute sage ich, was ihr essen müsst, ... was ihr spielen sollt“ oder „Heute benutze ich Plastiktüten“.
- Die Kinder sollen Gegenargumente finden, ihre eigene Meinung äußern („Plastiktüten belasten die Umwelt, weil ...).

Tipp:

Vorab Gesprächsregeln vereinbaren: Wir melden uns, bevor wir reden. Wir nehmen reihum beim Sprechen die „Rede-Kugel“ oder den „Rede-Stab“ in die Hand. Wir hören zu. Wir lassen andere aussprechen etc.

„Ja", „nein", „vielleicht"

Material:
Kreide oder Gymnastikreifen

Die Idee: Wir müssen uns entscheiden, haben aber verschiedene Meinungen. Was kann helfen?

Spielimpulse:

- Zu einem aktuellen Thema sollen Meinungen gehört werden. Die Spielleitung malt (oder legt mit Reifen) drei Kreise auf den Boden. So haben wir den „Ja"-, den „Nein"- und den „Vielleicht"-Kreis. Lautet die Frage z. B.: „Gehen wir in den Wald?", so können sich die Kinder, die gerne in den Wald gehen, in den Ja-Kreis stellen, während Kinder mit einer ablehnenden Haltung in den Nein-Kreis gehen. Wer noch unentschieden ist, stellt sich in den Vielleicht-Kreis.
- **Variante:** Die Gruppen tauschen ihre Argumente aus („Wir möchten in den Wald, weil wir dort Tiere beobachten können" ... „Wir möchten nicht in den Wald, weil ... Stattdessen möchten wir lieber ..."). Wie entscheiden wir uns am Ende?

Tipp:

Vielleicht hilft die Abstimmungs-Methode auf S. 46 („Wunschperlen"), um in der Gruppe zu einer Entscheidung zu kommen.

Ich sage meine Meinung

Material:
Pappkarton,
Schere

Die Idee: Es ist gar nicht so leicht, die eigene Meinung vor der Gruppe zu äußern. Aber das lässt sich üben!

Vorbereitung: Die Spielleitung bastelt mit den Kindern einen Fernseher aus einem Karton. Vorne wird ein großes Fenster hineingeschnitten. Hinten ist der Karton offen.

Spielimpuls:

- Der Karton (Fernseher) wird auf einen Tisch gestellt. Dahinter nimmt ein Kind Platz. „Guten Tag. Ich möchte Ihnen meine Meinung sagen zu unserem Speiseplan. Ich finde, es sollte einmal in der Woche Pizza geben. Pommes wären auch nicht schlecht ... (Andere Themen könnten sein: Warum müssen wir aufräumen? ... Sollen Kinder allein zur Kita gehen? ... Welches Tier hätte ich gerne? Welche Rechte haben Kinder? etc.).

Tipp:

Zurückhaltende Kinder dürfen ihre Meinung durch einen Trichter sagen oder in einen Topf rufen!

Geschichte: Die Sandkastenbande

Material:
Steine, Stöcke, Blätter, Holz

Die Idee: Lisa, Franziska und Fatima bauen friedlich eine Burg im Sand. Da geschieht es: Die Sandkastenbande rückt an und macht alles wieder kaputt.

Die Geschichte:

Es hat neuen Sand gegeben, herrlich sauberen, frischen, hellen Sand. Und damit fängt sie an, die Sache mit der „Sandkastenbande".

Zuerst sind Lisa, Franziska und Fatima im Sandkasten. Sie graben mit Schippen, Spaten und den Händen große Löcher. Dann türmen sie den Sand zu einer riesigen Sandburg auf, die sie kunstvoll mit Stöcken, Steinen und Muscheln verzieren.

Alessandro, Ilkin und Marie haben das ganze Schauspiel beobachtet. Sie nehmen Anlauf und springen geradewegs in die neu gebaute Burg hinein. Dabei rufen sie mehrmals: „Wir sind die gefährliche Sandkastenbande!"

Augenblicklich fällt die Burg in sich zusammen. Am Ende bleibt nur ein großer Sandhaufen zurück.

Lisa fängt an zu weinen. Franziska stampft wütend mit den Füßen und Fatima brüllt: „Das ist nicht lustig, das müsst ihr sofort reparieren!"

„Reparieren", lacht die Sandkastenbande. „Das glaubt ihr doch im Leben nicht!"

Mit diesen Worten rennt die wilde Bande davon.

Die Mädchen überlegen, was zu tun ist. „Wieder aufbauen", schlägt Fatima vor. Gemeinsam graben, schaufeln, türmen und formen sie, bis am Ende tatsächlich die Burg in alter Größe und Schönheit mitten im Sandkasten steht.

Doch was ist das? Plötzlich ist ein lautes Grölen zu hören. Die Sandkastenbande scheint zurückgekehrt zu sein ... Was geschieht jetzt?

Gesprächsimpulse:

- Was haben die Mädchen gesagt (getan), nachdem die Sandkastenbande ihre Burg zerstört hatte?
- Wurde dir schon einmal etwas von anderen zerstört?
- Was kannst du tun, wenn du auf diese Weise geärgert wirst?

Spielimpuls:

- Baut eine Ritter-Burg im Sand. Wie können mehrere Kinder friedlich zusammen eine Burg gestalten? Zum Schluss sammeln alle Steine, Stöcke, Blätter, Holz und andere Sachen, um die Burg zu verzieren.

PRAXISTIPP

KINDERN RAUM GEBEN

Geschichten stärken die Resilienz, weil sie dazu anregen, sich mit mutig und selbstbestimmt handelnden Figuren zu identifizieren. Impuls-Fragen (sie sollten keine Antworten vorwegnehmen) regen zu einem Dialog zwischen Kindern und Fachkräften an. In Gesprächen wird das Nachdenken über Themen und Probleme gefördert. Mitmach- und Spielimpulse ermöglichen es, sich handelnd mit der Geschichte auseinanderzusetzen und dabei verschiedene Wahrnehmungs- und Verarbeitungsmöglichkeiten zu nutzen.

Kapitel 5

Ich und du gleich WIR: Soziale Kompetenz

Beziehungen zu anderen bilden einen „sicheren Boden“, gerade bei Herausforderungen und Krisen. Soziale Kompetenz sollte geübt und gepflegt werden! Gruppenspiele, gemeinsame Aufgaben, Konfliktlösungs-Strategien können helfen!

Wer bist du?

Material:

–

Die Idee: Kennenlernspiel (z. B. für neue Gruppen)

Spielimpulse:

- Ein Kind spielt „Uhrzeiger“. Es stell sich in die Mitte, streckt einen Arm aus und dreht sich um sich selbst herum. Plötzlich bleibt es stehen, zeigt auf ein anderes Kind.
- Das so ausgewählte Kind stellt sich mit seinem Namen vor. Es kann zusätzlich sein Alter nennen, die Anzahl der Geschwister, Hobbys u. Ä. Dann dreht sich der Uhrzeiger erneut, zeigt auf ein weiteres Kind usw. – bis alle einmal an der Reihe waren.
- Variante: Die Kinder stehen sich paarweise gegenüber und betrachten sich genau. Wenn die Spielleitung in die Hände klatscht, drehen sie sich um (jetzt stehen sie Rücken an Rücken) und verändern unbeobachtet eine Kleinigkeit an sich (z. B. Jacke ausziehen, Brille absetzen ...). Klatscht die Spielleitung erneut, so drehen sie sich wieder zurück und betrachten das Gegenüber. Was ist anders?

Kontakte, Bindungen, Freundschaften …

Als soziale Wesen sind Menschen auf zwischenmenschliche Kontakte angelegt und auf diese angewiesen, um sich gesund und glücklich zu fühlen. Sichere Bindungen zu bestimmten Mitmenschen vermitteln ein Gefühl von Verlässlichkeit und Geborgenheit und wirken manchmal wie ein Auffangnetz bei Schwierigkeiten und Krisen.

Soziale Kontakte wecken positive Gefühle, helfen gegen Einsamkeit und senken Stressreaktionen. Der Schlüssel hierfür liegt u.a. in dem Bindungshormon Oxytocin, das bei sozialen Kontakten bzw. Berührungen freigesetzt wird und die Ausschüttung von Cortisol (ein Stresshormon) reduziert. Manchmal tut es einfach gut zu wissen, dass andere Menschen für einen da sind, dass man sie gegebenenfalls um Unterstützung bitten kann und Hilfe bekommt. Vertrauensvolle Beziehungen, sichere Bindungen (Eltern/Familie, pädagogische Fachkraft …) und soziale Netzwerke bilden eine (wenn nicht die wichtigste) Säule der Resilienz.

Erwerb sozialer Kompetenz heißt auch: persönliche Handlungsziele mit den Werten bzw. Einstellungen einer Gruppe zu verbinden. Dabei geht es sowohl um die eigenen Gefühle und Bedürfnisse (ich sorge für mich, nehme meine Gefühle wahr, trete für meine Interessen ein) als auch um die Bedürfnisse anderer Menschen (ich nehme die Gefühle anderer wahr, nehme Rücksicht, achte Regeln …).

Mädchen und Jungen üben in der Gruppe u.a. Kontaktfähigkeit, Empathie, Kooperation, Vertrauen, Regelverständnis, Frustrations-Toleranz und Konfliktlösungs-Strategien.

Der gemeinsame Spaß am Tun und die Spielfreude in der Gruppe sind wichtige Voraussetzungen, um Gemeinschaft als positiv und stärkend zu erleben.

Durch „Ko-Konstruktion“ findet Lernen in Form von Zusammenarbeit statt, also gemeinsam zwischen den Kindern und Fachkräften (bzw. Eltern). Dabei geben Erwachsene keine vorschnellen Antworten auf die Fragen der Kinder, sondern alle suchen gemeinsam nach Problem-Lösungen (Wird der Turm halten, wenn wir noch eine Etage draufsetzen? Kann ich über eine Brücke aus Kisten laufen? Was passiert mit Apfelkernen, wenn wir sie in die Erde stecken? …).

Schlüssel für gemeinsames Forschen, Fragen, Antworten ist die soziale Interaktion.

Gemeinschafts-Puzzle

Material:
Bilder aus Zeitschriften, Schere (evtl. Pappe, Klebstoff)

Die Idee: Wer weiß, wo das Teil hinpasst? Alle Kinder arbeiten zusammen. Das stärkt das Gemeinschaftsgefühl.

Spielimpulse:

- Für eine Kleingruppe: Die Kinder wählen ein Bild aus einer Zeitschrift aus (z. B. Tier), kleben es auf Pappe, schneiden es mit der Schere aus und dann in große Stücke.
- Die Puzzle-Teile mischen und durcheinander auf dem Tisch ausbreiten.
- Auf ein Startzeichen hin setzen alle Kinder gemeinsam das Bild wieder zusammen.
- **Variante:** Mehrere kleine Gruppen setzen sich an mehrere Tische. Auf jedem Tisch liegt ein eigenes Puzzle. Nun puzzeln die Gruppen nebeneinander an ihren Tischen. Auf ein akustisches Zeichen hin (Gong) wechseln sie zum Nachbartisch und puzzeln dort weiter. Wie viele Wechsel sind nötig, bis alle Bilder fertig sind?

Zusammen geht's leichter

Material:
Seil, Stift, Papier, Tuch mit Bällen, Luftballons, Kochlöffel, Gymnastikmatte

Die Idee: Was machst du denn jetzt? Zusammen etwas zu gestalten oder zu tun ist nicht immer ganz einfach. Da muss man sich auf den anderen einstellen.

Spielimpulse:

- Mehrere Kinder sollen zusammen Aufgaben lösen, z. B.:
  - Gemeinsam aus einem Seil eine Figur legen
  - Gemeinsam mit nur einem Stift an einem Bild malen
  - Bälle gemeinsam in einem Tuch von A nach B transportieren
  - Zu zweit einen Luftballon mit zwei Kochlöffeln zum Ziel transportieren
  - Mit einem Luftballon an der Stirn zu zweit zur Musik tanzen
  - Mit einer Gymnastik-Matte auf dem Rücken zusammen mit anderen durch den Raum krabbeln

Lustige Spiegel-Pantomime

Material:

–

Die Idee: Schau genau auf dein Gegenüber.

Spielimpulse:

- Zwei Kinder stehen sich paarweise gegenüber und schauen sich bewusst an. Eines der Kinder macht eine Grimasse oder eine Körperbewegung (z. B. Stirn runzeln, Kopf schütteln, springen, drehen etc.), das andere Kind ahmt die Bewegung sofort nach und agiert als „Spiegel“.
- Dann: Rollenwechsel, wobei das andere Kind nun mit einem Gesichtsausdruck bzw. einer Bewegung beginnt.

Fingerspitzengefühl

Material:
–

Die Idee: Ein Empathie-Spiel zu zweit: führen und geführt werden.

Spielimpulse:

- Zwei Kinder stehen sich als Paar gegenüber und berühren sich nur mit den Fingerspitzen. Auf diese Weise bewegen sie sich vorsichtig durch den Raum, spüren, wohin das Partner-Kind möchte bzw. geben selber eine Richtung vor.
- Variante: Mehrmals Partnerwechsel. So wird deutlich, wie unterschiedlich verschiedene Partner(-innen) reagieren.

Freundschafts-Kreis

Material: jeweils ein Schal pro Kinderpaar

Die Idee: Im Kreis erleben die Kinder Verbundenheit und Gemeinschaft.

Spielimpulse:

- Die Kinder stellen sich im Kreis nebeneinander auf und halten mit den Händen jeweils einen Schal – straff gespannt – zwischen sich. Jede Hand fasst ein Schalende. Die Schals verbinden alle miteinander. Es entsteht ein „Freundschafts-Kreis".
- Alle bekommen nun die kniffelige Aufgabe, mit den Füßen über die Schals zu steigen, sich zu verknoten und dann zu entwirren. Hält der Freundschafts-Kreis?

Bitte ein Foto!

Material: evtl. Handy oder Tablet

Die Idee: Der Zusammenhalt der Gruppe kommt aufs Bild.

Spielimpulse:

- Ein Kind spielt Fotograf(-in). Der Rest der Gruppe stellt sich gemeinsam für ein Gruppenfoto auf.
- Für das Foto wird entweder pantomimisch oder real fotografiert (mit Handy, Tablet). Die Spielleitung kann ein Thema bzw. eine Situation vorgeben, z. B.: „Wir sitzen alle in einem Bus", „Wir sind Zuschauer bei einem Fußballspiel" o. Ä. Sie kann auch ein Gefühl ansagen, das jeweils dargestellt werden soll („Wir freuen uns, ärgern uns, sind wütend, streiten, versöhnen uns ...").

Streit und Lösung

Material:
Handpuppen

Die Idee: Im Spiel mit einer Handpuppe übernehmen Kinder verschiedene Rollen, sie lernen, sich in andere hineinzuversetzen. Das fördert Empathie und soziales Verständnis.

Vorbereitung: Die Spielleitung notiert, welche Konflikt-Themen in der Gruppe immer wieder auftauchen.

Spielimpulse:

- Die Spielleitung spielt als Impuls eine kleine Streit-Szene mit zwei Handpuppen vor. Themen könnten sein:
  - Ein schüchternes Kind nicht mitspielen lassen,
  - nicht verlieren können,
  - grundlos provozieren,
  - immer der/die Stärkere sein wollen,
  - Spielzeug nicht aufräumen usw.
- Anschließend werden Eindrücke im Gespräch ausgetauscht:
  - Wir sagen, was wir bei der Spielszene beobachtet haben.
  - Wie fühlen wir uns dabei?
  - Wie fühlen sich wohl die Spiel-Figuren?
  - Was könnten sie tun, um den Streit friedlich zu lösen?
- Lösungsvorschläge werden dann im Spiel dargestellt. Dabei können die Kinder selber die Handpuppen übernehmen.

Fairplay beim Spiel-Kampf

Material:
Matten, evtl. dickes Seil, Kreide, Softbälle

Die Idee: Kinder lieben es, körperlich ihre Kräfte zu messen. Vorab wird festgelegt: nicht an den Haaren zu ziehen, nicht zu kratzen, zu kneifen etc. Die Spielleitung spielt „Kampfrichter(-in)“. Sie greift ein, wenn Regeln verletzt werden, z.B. mit einem lauten und deutlichen STOPP! Auch Kinder können jederzeit den Spiel-Kampf mit STOPP unterbrechen!

Spielimpulse:

- Die freiwillig teilnehmenden Kinder (sie sollten in etwa gleich groß bzw. gleich stark sein) stellen sich gegenüber auf und begrüßen sich mit einer Verbeugung. Dann geht es gleich „in den Ring“. Je nach Situation sind folgende Spiel-Varianten möglich:
  - → Zwei Kinder versuchen, sich gegenseitig wegzuschieben (Hände auf Schultern des Gegenübers, ein Bein zurück)
  - → Sie ziehen beidseitig an einem dicken Seil (geht auch mit mehreren Kindern)
  - → Sie versuchen, sich gegenseitig, Rücken an Rücken (Arme ineinander verschränkt), aus einem mit Kreide vorgezeichneten Kreis zu drücken
  - → Sie versuchen, sich gegenseitig zu Boden zu bringen. Dabei berühren sie sich nur mit den Schultern.
  - → Sie werfen sich gegenseitig mit Softbällen oder Bällen aus geknülltem Zeitungspapier ab.
- Zum Schluss gibt es wieder die Verbeugung vor dem anderen bzw. ein Händeschütteln!

PRAXISTIPP

KONFLIKTEN AUF DER SPUR

Hinter einem „besonderen“ Verhalten (z.B. Aggression) steckt oft ein tiefes Bedürfnis, das gesehen werden möchte. So wirf Tom im Sandkasten Sand auf Kira und Basti, vermutlich weil er auf sich aufmerksam machen und eigentlich mitspielen möchte. Die Fachkraft könnte mit Tom reden, sein Bedürfnis im Worte fassen („Es sieht so aus, dass du mitspielen möchtest. Ist das so?“) bzw. die anderen beiden Kinder einbeziehen und vermitteln. Vielleicht lassen sich die Kinder auf Verhandlungen ein. Darf Tom am Ende mitspielen?
Natürlich gilt auch hier: Regeln beachten. Niemand darf verletzt oder beleidigt werden.

Geschichte: Sonjas neue Brille

Material: Papier, Stifte, Farben, Scheren

Die Idee: Sonja ist stolz auf ihre neue Brille, wird jedoch von den anderen Kindern deswegen gehänselt. Da hat Sonja die Superidee. Wie wäre es mit Brillen für alle?

Die Geschichte:

Endlich ist sie da, die neue Brille! Ganz modern mit einem knallroten Gestell. Sonja hat sie selber ausgesucht. Aber dann ...

„Rote Brille, letzter Wille!“, ruft Karla, als Sonja stolz hereinkommt.

„Scheint denn die Sonne?“, fragt Paul und kichert dabei.

„Brillenschlange wie im Zoo“, hört man Murat sagen. Sogar Benni, der meist keine Miene verzieht, kann sich vor Lachen kaum noch halten.

Sonja ist enttäuscht. Sie findet ihre neue Brille so schön und einfach außergewöhnlich. Irgendwie ist sie sogar stolz, aber was nützt das alles, wenn man nur dumme Sprüche hört. Nuri und Kai haben sogar ein Bild gemalt, auf dem Sonja zu sehen ist: Dazu haben sie eine Sprechblase gezeichnet in der „Ha, ha, Ha!“ steht, in ganz dicken Buchstaben.

Das Schlimmste ist aber: Als Sonja ihre Brille kurz absetzt und auf den Tisch legt – weil sie wohl auf der Nase drückt –, lässt Roberto sie blitzschnell verschwinden. Alle Kinder machen unschuldige Gesichter, besonders Roberto. Frau Klein, die Erzieherin, findet die Brille nach langem Suchen im Waschraum. Sonja weint, will die Brille gar nicht mehr aufsetzen und am liebsten nach Hause gehen.

„Kommt nicht in die Tüte“, sagt Frau Klein. „In unserer Kita gibt es viele Kinder mit vielen Augenfarben, vielen Hautfarben, vielen Sprachen – mit und ohne Brille ...“ Kaum hat sie den Satz zu Ende gesagt, da fällt Sonja plötzlich etwas ein: „Wie wäre es, wenn sich jeder von euch eine Brille bastelt?“

„Wie jetzt?“, fragt Roberto. „Ich brauche keine Brille.“

„Egal, bastle dir aus Spaß eine Taucherbrille oder eine Weltraumbrille oder eine Zauberbrille“, schlägt Sonja vor.

Frau Klein legt Pappe, Scheren und Kleber bereit.

Sonja sagt lachend: „Greift zu und schnippelt eure eigene Brille."
Die Kinder zögern anfangs, aber schließlich legen sie einfach los. Frau Klein hilft hin und wieder mit.
Nuri malt ein Brillengestell mit gelbschwarzen Streifen und meint: „Hier ist meine Biene-Maja-Brille." Kai hat sich für eine Dracula-Brille entschieden – mit Fledermaus auf der Nase.
Benni wählt für seine Brille die Farben seines Fußballvereins.
Murat bastelt eine Gärtnerbrille mit Blumen. Paul entscheidet sich für eine schwarze Gangsterbrille.
Und Roberto? Der bastelt zwar nicht mit, sagt aber zu Sonja: „Du, deine rote Brille ist gar nicht so schlecht."
„Sie ist wunderschön und meine allerliebste Lieblingsbrille", bekommt er zur Antwort.
Die Kinder haben beim Basteln viel Spaß. Zum Schluss stellen sich alle für ein Gruppenfoto auf, das Frau Klein mit ihrer Kamera aufnimmt.
Roberto grinst breit und sagt: „Bei uns ist es bunt."

Gesprächsimpulse:

- Sonja findet ihre rote Brille schön, aber wie reagieren die anderen Kinder? Was fühlt Sonja wohl, als die anderen sie ärgern?
- Wie findest du Sonjas Idee mit den vielen lustigen Brillen?

Spielimpuls:

- Malt eure eigene Lieblingsbrille. Schneidet sie mit der Schere aus. Könnt ihr sie sogar aufsetzen?

Kapitel 6

Entspannt gehts leichter: Stressverarbeitung

Kinder entspannen sich ideal im freien Spiel, bei dem sie „die Zeit vergessen“. Ohne Einmischung durch Erwachsene können sie ihren eigenen Bedürfnissen folgen. Darüber hinaus wird es aber immer wichtiger, von früh an gezielte Entspannungstechniken zu erlernen – besonders in einer zunehmend schnelllebigen, reizüberfluteten Umwelt. Es stärkt die Kinder, wenn sie lernen, Anspannung wahrzunehmen und sie dann ein „Tool“ zur Hand haben, das ihnen hilft, der Stressfalle zu entkommen.

PRAXISTIPP

ENTSPANNUNG IM ALLTAG

Es empfiehlt sich, vor Entspannungs-Angeboten für ausreichend Bewegung zu sorgen (im Turnraum oder draußen). Starten Sie mit einem Ritual zum Ankommen (Klangschale). Eine Kuschelecke im Raum (mit Matten, Kissen, Leuchten etc.) kann sich zu einer Oase der Ruhe entwickeln.

Massage, Massage

Material:
Decken oder Matten, evtl. Tennis- oder Igelball

Die Idee: Eine Massage vermittelt eine angenehme Körpererfahrung und entspannt. Nur Kinder, die dies wirklich möchten, sollten teilnehmen. Wer nicht mitmachen will, schaut zu.

Spielimpulse:

- Im Sitzen: ein Kind sitzt auf einem Stuhl, das andere steht dahinter. Das sitzende Kind wird von dem stehenden Kind massiert, z. B. an Schultern, Armen, Rücken, Nacken, Kopf. Dabei sagt das sitzende Kind, was ihm angenehm ist und was nicht.
- **Variante:** In Bauchlage: die Körperrückseite massieren. Diesmal auch Beine, Füße etc. einbeziehen.

Tipp:

Die Spielleitung erzählt eine kleine Geschichte, zu der mit den Händen bzw. Fingern passende Massage-Bewegungen ausgeführt werden: „Wir kneten Kuchenteig“ oder: „Es regnet ...“. Dazu mit den Fingern kneten bzw. klopfen! Eventuell mit Hilfsmitteln massieren, z. B. mit einem Tennis- oder Igelball.

Atem-Wellen

Material: evtl. Matten

Die Idee: Der Bauch bewegt sich beim Einatmen nach oben, beim Ausatmen sinkt er wieder zurück. Wie eine Meereswelle. Es ist gar nicht so leicht, den Atem nur zu beobachten, ohne ihn zu verändern.

Spielimpulse:

- Alle sitzen oder liegen (auf dem Rücken) und lagern ihre Hände locker auf dem Bauch.
- Wer in sich hineinhorcht, spürt seinen Atem.
- Die Spielleitung erzählt: „Wir stellen uns dabei eine Meereswelle vor, die sich hebt und senkt, die groß und wieder klein wird. Das beruhigt uns ganz schnell."

Tönende Atmung

Material: –

Die Idee: Hörbare Atmung macht den Atem-Vorgang bewusst und beruhigt.

Spielimpuls:

- Wir atmen ein und mit der Ausatmung lassen wir ein Bienen-Summen entstehen („mmmmm" ... oder „sssssss").

Tipp:

Die Ausatmung fließt so lange wie möglich, am besten doppelt so lang wie die Einatmung. Auf diese Weise werden die Lungen geleert und die Entspannung im Körper vertieft.

Glocke im Kreis

Material:
Glocke

Die Idee: Klang und Stille bewusst und konzentriert erleben, das schafft eine Ruhe-Insel im oft trubelig-lauten Kita-Alltag. .

Spielimpulse:

- Eine Glocke wird im Kreis herumgegeben. Jedes Kind darf dabei einmal läuten.
- In der zweiten Runde soll es still werden. Nun versuchen die Kinder, die Glocke so vorsichtig und lautlos wie möglich weiterzureichen.

Kling-Klang

Material:
ein Instrument nach Wahl: Klangschale, Gong, Triangel, hängendes Becken, Monocord o. Ä.

Die Idee: Töne verklingen lassen und lauschen.

Spielimpulse:

- Die Spielleitung spielt ein Instrument an, das einen langen Nachklang hat.
- Die Kinder lauschen dem leiser werdenden Ton, bis es wieder ganz still im Raum wird.
- **Variante:** Beide Arme in die Luft heben und parallel zum leiser werdenden Klang die Arme Stück für Stück senken, bis die Hände auf dem Schoß ankommen.

WISSEN KOMPAKT

Wie Ruhe und Gelassenheit wirken

„Ich bin total im Stress!" Dieser Satz ist von Erwachsenen oft zu hören, und sogar Kinder klagen schon früh über Stress und seine fühlbaren Folgen.

In Stress-Situationen macht der Körper „mobil", um anstehende Aufgaben bewältigen zu können (Ausschüttung von Stress-Hormonen, verstärkte Atmung, höherer Puls, steigender Blutdruck etc.), ein natürlicher Mechanismus, um sich – wie schon zu Urzeiten – auf Kampf oder Flucht vorzubereiten.

Stress ist dabei nicht zwangsläufig schädlich. Es gibt auch positiven Stress (Eustress), z. B. wenn man motiviert ist und etwas gern erledigt. Problematisch wird es nur, wenn Stress-Reize überhandnehmen, äußere Anforderungen nicht bewältigt werden, die eigene Motivation gering ist und kaum Zeit zur Entspannung zur Verfügung steht (Disstress).

Kinder zeigen immer häufiger Symptome wie Bauchschmerzen, Schlafstörungen, Antriebslosigkeit, Konzentrationsstörungen, Kopfschmerzen, Ängste, Depressionen und Ess-Störungen. Jedes vierte Kind entwickelte (seit der Corona-Pandemie) psychische Auffälligkeiten, wie Studien belegen (vgl. „COPSY-Studie" der Klinik Hamburg-Eppendorf 2022). Zwar haben sich die Zahlen insgesamt leicht zum Positiven verbessert, aber die Problematik bleibt.

Besonders gefährdet sind Kinder und Jugendliche aus sozial benachteiligten Familien bzw. instabilen Familienverhältnissen.

Stress zeigt sich auch in einem Zuviel an Terminen und zunehmenden „Optimierungs-Bestrebungen". Neben Kita und Schule haben junge Menschen oft ein umfassendes Freizeitprogramm zu absolvieren: So füllen z. B. Aktivitäten wie Ballett, Blockflöte, Basketball, Fußballtraining, Nachhilfe u. Ä. ihre Terminkalender.

Wie sollten Erwachsene unterstützen? Kinder brauchen „Qualitätszeit", d. h. nicht verplante Freizeit, in der sie Dinge tun können, die ihren wirklichen Bedürfnissen und Neigungen entsprechen. Sie benötigen ausreichend Bewegung, Begegnung mit der Natur, freies Spiel, sichere Bindungen und Unterstützung durch Familie, Freunde u. a. Bezugspersonen.

Auch das frühzeitige Erlernen von Entspannungstechniken kann die psychische Widerstandkraft verbessern.

Der stumme Kreis

Material:
–

Die Idee: Empathie üben und gemeinsam im Kreis Bewegungen ausführen.

Spielimpuls:

- Die Kinder bilden einen Kreis, fassen sich an den Händen und schließen die Augen. Die Spielleitung reiht sich ein und stößt behutsam eine Bewegung an: nach rechts oder links oder gemeinsam in die Mitte und wieder zurück gehen, Arme gemeinsam heben, sich auf die Erde setzen etc. Es wird nicht gesprochen. Alle spüren konzentriert, wohin die Gruppe geführt wird.

Tipp:

Nach der ersten Runde übernimmt ein Kind die Führung und regt Bewegungen an.

Meditatives Gehen

Material:
Für die Variante: diverse Gegenstände, evtl. Kreide

Die Idee: So leise wie möglich durch den Raum gehen.

Spielimpulse:

- Die Kinder setzen achtsam beim Gehen einen Fuß vor den anderen. Dabei gehen bzw. schleichen sie so leise wie möglich vorwärts.
- **Variante**: Gegenstände in den Weg legen, die beim Gehen nicht berührt werden sollen. Oder: einen Kreis bzw. eine Linie malen und darauf gehen, ohne „runterzufallen".

Weitergeben

Material: Gegenstände (z.B. Baustein, Korken, Löffel, Wollknäuel, kleines Auto, Zahnpastatube, Tannenzapfen, Murmel u.Ä.)

Die Idee: Einen Gegenstand fühlen und im Kreis herumgeben.

Spielimpulse:

- Im Stuhlkreis: Alle schließen die Augen. Die Spielleitung legt einem Kind einen Gegenstand in die Hand (z.B. einen Tannenzapfen). Der Gegenstand wird befühlt und dann schweigend an die Nachbarin/den Nachbarn weitergereicht, ohne den Namen des Gegenstands zu verraten.
- Wenn der Gegenstand einmal im Kreis herumgewandert ist, gibt die Spielleitung ein Zeichen (z.B. Gong). Noch bleiben die Augen zu, aber wer will, kann jetzt den Namen des Gegenstands in den Raum rufen.
- Zum Schluss heißt es: Augen auf und schauen, ob richtig geraten wurde.

Starke Bilder aus der Stille

Material: Tapetenrolle, Klebeband, Farben, evtl. Pinsel (alternativ: Wachsmalstifte oder Pastell-Kreiden), Entspannungsmusik

Die Idee: Intuitives Malen zu Musik.

Vorbereitung: Tapete auf dem Boden oder auf einem Tisch ausrollen (eine große Tapete für alle oder für jedes Kind ein einzelnes Stück). Tapete evtl. mit Klebeband auf dem Untergrund festkleben.

Spielimpulse:

- Die Kinder hören Musik und führen dazu mit dem ganzen Körper in der Luft Bewegungen aus, vor allem mit den Armen.
- Dann werden die spontanen Bewegungen mit Hilfe von Farben auf dem Papier (Tapetenrolle) fortgesetzt.

Hinweis:

Es geht nicht um gegenständliche Darstellungen, sondern um den Ausdruck von körperlichen Empfindungen und Gefühlen.

Fantasiereise: Mein sicherer Lieblings-Ort

Material:
evtl. Stifte, Farben, Papier

Die Idee: Eine Fantasiereise an einen Ort, wo man sich rundum wohl und geboren fühlt.

Die Geschichte:
Im Sitzen oder Liegen: Schließe die Augen. Spüre deinen Atem, wie er kommt und geht (ein und aus, ein und aus ...).
Gehe nun in Gedanken an einen Lieblings-Ort. Dort fühlst du dich wohl, sicher und geborgen ... Befindet sich dieser Ort im Haus? Im Garten? Auf einer Wiese? Am Strand? In den Bergen? In einem Zauberland? Im Weltall? Oder sonst wo ... Kannst du dort zu Fuß hingehen oder musst du länger reisen? Vielleicht magst du dich auch an den Ort zaubern.
Wenn du willst, kannst du den Ort etwas verändern, damit er wirklich gut zu dir passt.
Schau dir alles genau an!
Welche Farben gibt es dort? ... Hörst du Geräusche? ... Wie riecht es? ... Was fühlst du? ... Gibt es etwas zu schmecken oder zu essen? ... (Pause)

Möchtest du ein Wesen dorthin einladen, z. B. ein Tier oder eine Märchenfigur? ... Soll dich ein Mensch besuchen? ... Es ist dein Ort! ... (Pause)

Was möchtest du dort tun? Einfach nur sitzen oder liegen und entspannen? ... Spielen? ... Oder etwas anderes machen? Es ist alles da, was du brauchst. (Pause)

Möchtest du dem Ort einen Namen geben? Dann kannst du ihn immer wieder herbeirufen, wenn du ihn brauchst. Du kannst dir auch vorstellen, ein Foto von dem Ort zu machen. Einfach „klick“ – und das Foto mitnehmen und immer mal wieder daran denken ... (Pause)

Nun verabschiede dich von diesem Ort. Du kannst jederzeit dorthin zurückreisen, in deiner Fantasie, z. B. wenn du müde oder traurig bist oder wenn du dich einsam fühlst oder wenn du Ärger hast und mal weg möchtest ... Einfach den Zauber-Namen sagen oder denken oder dir das Foto vorstellen. Und schon bist du wieder dort ...

Jetzt verabschiede dich von deinem Ort, recke und strecke dich, atme tief aus und ein.

Gesprächsimpulse:

- An welchem Ort warst du?
- Möchtest du erzählen, wie es dort aussah und was du dort gemacht hast?

Spielimpuls:

- Wenn du magst, dann male ein Bild von dem Ort (vielleicht nur für dich).

Fantasiereisen stärken

Fantasiereisen sind entspannende Gedanken-Reisen. Dazu legen oder setzen sich die Kinder, schließen die Augen, folgen der Stimme der Erzählerin/des Erzählers. Der Erwachsene spricht langsam und ruhig und lässt nötige Pausen. Fantasiereisen wecken positive Gefühle, wirken gegen Stress, fördern die Fantasie/Kreativität und stärken das innere Gleichgewicht.

Für Fachkräfte und Eltern: „Mein Resilienz-Koffer"

Stellen Sie sich vor, sie sollten einen Koffer packen, in den Sie Kompetenzen hineingeben könnten, die zunächst für Sie selbst – und dann vielleicht auch für Ihre Kinder – bedeutsam sind (oder sein könnten) bei der „Reise durchs Leben".
Streichen Sie Kompetenzen an, die Sie bereits bei sich wahrnehmen.
In einem weiteren Schritt kennzeichnen Sie dann Fähigkeiten, die Sie noch nicht oder nicht ausreichend besitzen – aber entwickeln möchten (am besten in einer anderen Farbe).
Eventuell ergänzen Sie – im freien Feld unten – die Auflistung durch eine oder mehrere nicht genannte, aber für Sie erstrebenswerte Eigenschaft(en)!

- (Positive) Selbstwahrnehmung/Selbstfürsorge
- Akzeptanz (sich selbst bzw. Lebensumstände annehmen)
- Steuerung von Gefühlen
- Optimismus
- Dankbarkeit
- Soziale Kontaktfähigkeit (Netzwerke)
- Zielorientierung/Wachstumsdenken (Zukunft: „Da möchte ich hin …")
- Selbstbewusstsein
- Selbstwirksamkeit
- Mut
- Lösungsorientierung (bei Problemen)
- Verantwortung (Opferrolle verlassen)
- Geduld/Ausdauer

- Umgang mit Stress (Entspannungsfähigkeit)
- Persönliche Stärken, Begabungen (Hobbys)
- Gesundheitsbewusstsein (Ernährung, Bewegung etc.)
- Selbstreflexion/Selbsterfahrung
- Freude/Zufriedenheit
- ....

Fragen Sie sich: Was möchte ich für meine weitere Entwicklung tun?

....

....

....

....

Welche Schritte sind nötig?

....

....

....

....

Beobachten Sie, ob bzw. wie sich Ihr eigenes (verändertes) Verhalten auf das Verhalten der Kinder auswirkt!

Literatur

Verwendete Literatur:

Klaus Fröhlich-Gildhoff & Maike Rönnau-Böse (2019): Resilienz, Stuttgart, UTB.

Klaus Fröhlich-Gildhoff & Maike Rönnau-Böse (2020): Resilienz im Kita-Alltag: Was Kinder stark und widerstandsfähig macht, Freiburg, Herder.

Brigitte Wilmes-Mielenhausen (2001): Komm mit auf meine Ruhe-Insel, Freiburg, Christophorus.

Lea Wedewardt (2022): Wörterzauber statt Sprachgewalt. Achtsam sprechen in Kita, Krippe und Kindertagespflege, Freiburg, Herder.

Corinna Wustmann (2004): Resilienz – Widerstandsfähigkeit von Kindern in Tageseinrichtungen fördern, Weinheim, Belz.

Tipps zum Weiterlesen:

Iris Binder (2019): Die Kinder-Yoga-Kiste, 20 Yoga-Geschichten mit Bildkarten und Begleitheft, Freiburg, Herder.

Monika Bücken-Schaal (2020): Ich bin ganz ruhig. 30 Bildkarten zum Autogenen Training mit Kindern, München, Don Bosco Medien.

Maria Holl (2022): Achtsamkeit und Körperwahrnehmung, 30 Bildkarten für Kinder, Übungen für Entspannung und Konzentration, München, Don Bosco Medien.

Anne Kathrin Müller (2022): 30 Fantasiereisen für Frühling, Sommer, Herbst und Winter, München, Don Bosco.

Renate Zimmer (2023): Entspannung erleben in der Kita, Freiburg, Herder.

Starke Bilderbücher für Kinder:

Susa Apenrade (2021): „Ich bin stark, ich sag laut Nein!", Würzburg, Arena.

Julia Böhme & Stefanie Dahle (2020): Wassili Waschbär – Zum Glück hat man Freunde, Würzburg, Arena.

Rachel Bright & Jim Field (Illustrator) (2016): Der Löwe in dir, Bamberg, Magellan.

Dies. (2017): Trau dich Koala-Bär, Bamberg, Magellan.

Felicity Brooks & Mar Ferrero (Illustrator) (2019): Gefühle – So geht es mir, London, Usborne Publishing.

Julia Donaldson & Axel Scheffler (Illustrator) (2021/EA 2002): Der Grüffelo, Weinheim, Beltz

Nicola Kinnear (2019): Henry, der mutige Angsthase, Hamburg, Oetinger.

Marc-Uwe Kling & Astrid Henn (Illustratorin) (2019): Das Neinhorn, Hamburg, Carlsen Edition.

Daniela Kunkel (2016): Das kleine Wir, Hamburg, Carlsen Edition.

Mies Van Hout (2013): Heute bin ich, Zürich, Aracari.

Kobi Yamada (2019): Vielleicht – Eine Geschichte über die unendlich vielen Begabungen in jedem von uns, Berlin, Adrian.